DES
Differens dégrez de l'Anéantiffement &
de l'Exaltation
de nôtre glorieux Redempteur.
OU

SERMON

Sur ces paroles de l'Epître de Saint Paul
aux Philippiens. 2. 7 —— 11.
Prononcé à Amfterdam dans l'Églife Neu~°
Françoife, le Dimanche au matin 11
d'Avril 1706. jour de Sainte Céne.

Par

B. DE BRISSAC

Ci - devant Pafteur de Châtellerᵃ
& préfentement Penfionnaire ᵃ
Amfterdam.

A AMSTERDAM,

Aux dépens d'Estienne Roger, Marchand
Libraire, chez qui l'on trouve un affortiment
général, de toute forte de Mufique.
M. DCC VI.

Au nom de Dieu. Amen.

Philippiens Chapitre 2.

Verf. 7. Toutefois il s'eft anéanti foi-même, ayant pris la forme de ferviteur, fait à la femblance des hommes.

Verf. 8. Et étant trouvé en figure comme un homme, il s'eft abaiffé foi - même, & a été obéiffant jufqu'à la mort, voire la mort de la croix.

Verf. 9. Pour laquelle caufe auffi Dieu l'a fouverainement élevé, & lui a donné un Nom, qui eft fur tout Nom :

Verf. 10. Afin qu'au Nom de Jefus tout génou fe ploye, de

　　　　　ceux

ceux qui font aux cieux , & fur la terre, & fous la terre :

Verf. 11. Et que toute langue confeffe , que Jefus Chrift eft le Seigneur, à la gloire de Dieu le Pere.

MEs freres bien aimez en nôtre Seigneur Jefus Chrift,

FAites je vous fupplie avec moi une fainte & férieufe réfléxion fur cette verité, que je pofe d'abord comme un principe inconteftable , que de toutes les chofes qui font néceffaires à un Chrétien, pour le faire parvenir à la poffeffion de la vie éternelle , il n'y en a point de plus importante , que la connoiffance, & la pratique de fon devoir. Car comme nous fommes tous obligez de nous en aquitter, fous peine de
la

(5)

la privation du salut, il faut que
nous l'aprenions aussi, & que
nous nous donnions garde de l'ou-
blier déformais. Si l'on pouvoit décendre dans ce moment fur le bord
des abîmes des damnez, & deman-
der à ces miserables, qui y souffrent
fans efpérance, quelle eft la caufe de leurs mâchemens de langue,
& de leur rage, ne croyez-vous
pas qu'ils répondroient tous d'u-
ne même voix, *que c'eft le peu de*
foin qu'ils ont eu de rendre à Dieu
ce qu'ils lui devoient, après avoir été
honorez de fa précieufe connoiffance ?
C'eft ce qui m'oblige à entreprendre ce matin, de vous donner
mes penfées fur cette importante
matiére. Jefus Chrift nôtre Divin
Maître, a tenu fon fang, & fa
vie, dignement employez pour
nous meriter le ciel; & je me tien-
drai tout à fait heureux, fi par
un notable fuccès, je vous mon-

tre

tre la voye, qui peut conduire à
fa félicité. Je vous avertis que
les paroles de mon texte, comme vous les avez déja ouïes, nous
en fourniffent un moyen tout af-
fûré, & qu'elles ne répondent pas
mal aux trois idées differentes que
nous fait naître la folemnité de
ce jour. Cette Table Sainte, que
vous voyez dreffée devant vos
yeux, vous appelle à la médita-
tion de la mort cruelle, & igno-
minieufe du Fils unique de Dieu:
& c'eft à l'éclairciffement de cette très-grande confolation pour
vous, que je deftine ces premiers
mots de nôtre texte, *que Jefus
Chrift s'eft anéanti foi-même, ayant
pris la forme de ferviteur, fait à la
femblance des hommes : Et étant
trouvé en figure comme un homme,
il s'eft abaiffé foi-même, & a été
obéiffant jufqu'à la mort, voire la
mort de la croix.* La folemnité de
ce

(7)

ce jour de Dimanche , qui eſt
l'Octave de la Pâque, nous ramene
encore agréablement le ſouvenir
de la reſurrection de ce même Sauveur: & c'eſt pour ne m'en éloi-
gner pas entiérement, que je me
propoſe en ſecond lieu , de vous
expliquer ce que l'Apôtre ajoûte
immediatement après , *que pour
cette cauſe auſſi , Dieu l'a ſouverai-
nement élevé , & lui a donné un
Nom, qui eſt ſur tout Nom.* Enfin
l'état où nous nous trouvons, &
que les Anciens ne pouvoient gue-
re mieux nous recommander que
par ces beaux mots, *comme d'hommes nouvellement * nés,* nous en-
gage plus que jamais, à la pratique de nôtre devoir. Et je tiens
que Saint Paul l'exprime parfaitement bien dans ces dernieres paroles , *afin qu'au Nom de Jeſus tout
génou ſe ploye, de ceux qui ſont aux
cieux,*

* Quaſimodo.

cieux, & sur la terre, & sous la terre, & que toute langue confesse que Jesus-Christ est le Seigneur à la gloire de Dieu le Pere.

Fidéles, l'abîme où je prétens décendre en vôtre présence, est très-profond. Demandez à Dieu qu'il me fasse la grace d'en remonter heureusement, pour vôtre consolation, & pour vôtre instruction. Et Toi-même en effet, ô mon Seigneur! ô mon bon Dieu! assiste-moi extraordinairement: touche mes lévres d'un charbon vif, pris de dessus ton Autel, & ouvre les cœurs de ceux qui m'écoutent. Amen.

PREMIERE PARTIE.

CElui dont parle Saint Paul dans nôtre texte, quoi qu'il ne le nomme pas tout d'abord, ne vous est pas inconnu; & si par une

une sainte réfléxion sur ce qui lie
ce que je vais vous dire, avec ce
qui a déja précédé, vous portez
vos penfées jufque dans l'éternité, vous le trouverez, felon la
penfée de l'Apôtre, fur le Trône
de la Majefté Divine, auffi-bien
que le Pere, duquel il eft iffu:
Dieu comme lui, ineffable comme
lui, incomprehenfible auffi-bien
que lui, habitant dans une lumiére dont on ne fauroit approcher, & faifant tout fon bonheur,
& fa propre félicité: *Lequel*, difoit Saint Paul au deffus de mon
texte, *lequel étant en forme de
Dieu n'a point reputé rapine d'être
égal à Dieu.* Si par l'union de vôtre efprit avec un corps, qui a
l'ufage de fes fens, vous regar-
dez toutes les parties de ce vafte
Univers, vous aprendrez par la
révélation des Livres Sacrez, que
dans le tems ce même Seigneur
les

les a créez de rien , & qu'il les porte encore aujourd'hui par sa Parole toute-puissante. Mais si dans une suite d'examen de vôtre conscience , qui vous jette dans le trouble , car en effet si vous n'étiez point pécheurs , que feriez-vous ici? si dans une suite d'examen vous vous attachez à l'œuvre ineffable de la Rédemption , selon le dessein principal de nôtre texte , vous reclamerez, & vous adorerez ce même Fils unique de Dieu, comme le seul Auteur de vôtre salut. Et voici, en suivant nôtre Apôtre comment je croi , qu'il faut commencer à expliquer les (Mystéres) de mon texte.

Dans le commencement des tems heureux de l'Evangile , le Saint Esprit étant survenu dans le sein de la Bienheureuse Vierge , appropria un corps au *Verbe éter-*

éternel, & le fit *nôtre Chrift*, ou plûtôt *le Meffie de Dieu, femblable à nous:* c'eft à dire, fans me jetter dans une critique plus étenduë, qu'il le fit *un vrai homme comme les autres*, excepté le peché, & c'eft ce que l'Apôtre fignifie, quand il dit, *qu'il a été fait à la femblance des hommes, & qu'il a été trouvé en figure comme un homme.*

Déja certes c'eft beaucoup, & un très-grand Myftére, que le Verbe éternel fe foit ainfi anéanti *foi même*, c'eft à dire *volontairement.* Quoi! ce que mon entendement ne peut comprendre, parce qu'il fe trouve entredeux une diftance infinie, fe vient faire l'objet de ma vûë, & le toucher de mes fens? Quoi! celui que les cieux des cieux, & tous les efpaces, que je conçois comme indefinis, ne font pas capables de contenir, fe renferme dans le fein

d'une

d'une fille, qui demeure toûjours vierge : & au moment de sa naissance, (car tout cela réléve son anéantissement,) il est couché dans une creche ? Médite un peu sur ces choses, ô Chrêtien, mon très-cher frere, & tu auras un très-juste sujet de t'étonner de ce que l'Apôtre dit premierement, que *Jesus Christ s'est anéanti soi-même, ayant été fait à la semblance des hommes, & étant trouvé en figure comme un homme.*

Mais ensuite, le pain & le vin de cette Table, nous amene à la considération de souffrances, & plus grandes, & plus cruelles. Je laisse celles de ses fatigues, & de ses peines, que la *forme de serviteur* qu'il a prise, me pourroit pourtant obliger de vous expliquer. Je laisse sa faim, & sa soif, ses pleurs, ses soûpirs & ses larmes : je ne le suivrai pas même dans

le

le Jardin des Olives, où fa fueur
étant changée en autant de gru-
meaux de fang, il dit au milieu
de fon angoiffe, que *fon ame eft
faifie de trifteffe de toutes parts jufqu'à la mort*: & où profterné fur
la terre, fous la main vengereffe
de fon Pere, il lui demande par
trois fois, que *cette coupe paffe ar-
riere de lui, fans qu'il la boive.* Je
vous conduirai feulement, par le
zéle de vôtre dévotion, & comme Saint Paul me l'ordonne prin-
cipalement, au pied de la croix.
Et là, vous le verrez dans fon
abaiffement extréme, & dans l'ac-
te de fon obéïffance la plus fidéle, fa tête eft couronnée d'épines,
fes pieds & fes mains font tranf-
percez de cloux, ou attachez
avec des cordes, qu'importe ici
cette difference ? fon côté eft ouvert avec une lance ; fa bouche eft
abrûvée de fiel détrempé dans

B

du

du vinaigre : tout son sang tombe goute après goute sur la terre, & les fléches invisibles du Tout-puissant, se faisant ressentir jusqu'aux facultez les plus secrettes de son ame, il s'écrie, *Mon Dieu ! Mon Dieu ! pourquoi m'as-tu abandonné ?* Ah ! Chrétiens, que cet objet ainsi déchiré, est bien digne de nos regards ! Ah ! que son obéissance, sur le point de sortir de ce monde est bien plus grande, que celle par laquelle il commença & poursuivit sa vie ! Là c'est dans une créche qu'on le met, & il s'y repose. Mais ici c'est sur une croix qu'il obéit. Là ce sont des langes qui l'enveloppent mais ici il est tout nud. Là Joseph & Marie le transportent pour le conserver : & par le très-grand soin qu'ils en ont, ils le prennent au milieu des Docteurs dans le Temple. Mais ici, ce

sont

font des bourreaux , qui s'en faiſiſ-
ſent dans l'action toute charita-
ble de ſa priére ; qui le ſupli-
cient , & le rendent *obéiſſant juſqu'à
la mort, voire juſqu'à la mort de la croix.*
C'eſt là la perfection , ou le plus
haut point du Myſtére.

Cieux ! je vous en appelle à
témoins ; mais , toi terre , en l'autorité de Dieu , je te ſomme de
me faire attention. Celui-la ex-
pire ſur la croix , vers qui les Anges , les Patriarches , les Prophetes , & tous les juſtes , qui ont
été depuis le commencement du
monde juſqu'à cette heure , ont
ſoûpiré. Celui-la eſt obéiſſant juſqu'à la mort , ſans qui tous les
animaux , toutes les plantes , &
tous les hommes ne ſauroient
avoir le moindre mouvement de
vie. Celui-la meurt , voire ſur la
croix , le plus cruel , & le plus
abominable de tous les ſupplices,

                    par

par le merite duquel toutes les graces, toutes les vertus, & tous les dons du Saint Esprit sont inspirez du ciel sur la terre. *O Noblesse d'Israël! ** , le Messie de Dieu, le *Navré à mort*, & l'exemple de toute sainte obéïssance, est donc gisant sur tes hauts lieux ! Il est attaché à la croix. Toute la nature s'en émeut; le soleil s'en obscurcit; la terre en tremble; les sepulcres s'en ouvrent; le Voile du Temple s'en déchire depuis le haut jusqu'au bas. Et nous, Chrétiens, nous y serons toûjours insensibles ? nôtre dureté ne sera point amolie ? Nôtre cœur n'en sera point brisé ? C'est pourtant à nous à ressentir tous ces grands mouvemens , & si extraordinaires. C'est à nous à fremir , à battre nos poitrines , & pour ainsi dire , à nous mettre en mille &

mille

---

* 2. *Sam.* 1. 19.

mille morceaux, par les actes sin-
ceres d'une contrition pure, &
vraiment Chrétienne. Car à la
vûë de ce Sacrement Augufte,
à quoi vous allez participer, où
croyez-vous, Miniftre que je fuis
de l'Evangile, & ayant à vous
donner le pain & le vin de la
Sainte Céne, où croyez-vous que
je doive chercher l'auteur de toutes ces chofes que Jefus Chrift a
fouffertes ? En accuferai je *Pilate ?*
Saint Matthieu me dit que *ce Juge, ayant pris de l'eau, s'en lava les
mains devant le peuple, & dît, je
fuis innocent du fang de ce Jufte, vous
y aviferez.* En accuferai-je *Herode?*
non. Car Saint Luc nous apprend,
que l'ayant revétu d'un habit
blanc, qui étoit la preuve du
féntiment qu'il avoit de fon in-
nocence, il le renvoya à Pilate.
En accuferai- je Caïphe, Anne,
les Sacrificateurs, & tout le Peu-
B 3　　　　　　　　　ple

ple des Juifs? Il me semble que
ce n'en est pas ici le tems, puis
que Saint Jean nous déclare, qu'ils
reconnurent au dehors du Pré-
toire, qu'il ne leur étoit pas per-
mis *de mettre personne à mort.* En
accuserai-je encore les Soldats
Romains, & les autres Sergens,
qui le crucifierent? Ils n'ont plus
de part à ce que nous disons aujourd'hui, & l'Écriture Sainte nous
assûrant, que Jesus Christ a prié
pour eux, si Dieu leur a remis
leur crime, est-ce à nous à le leur
réprocher, & à prendre plaisir à
en exaggerer l'horreur? Tournons
plûtôt, mes très-chers freres,
tournons toutes ces justes consi-
dérations sur nous-mêmes; & ayant
posé ces deux véritez comme
incontestables, *l'une* qu'Esaïe nous
apprend au 53. de ses Révélations,
que la playe est avenuë à Christ pour
le forfait du Peuple: & *l'autre,* dont
nô-

nôtre propre conscience nous ac-
cuse, que nous sommes nous-mêmes des pécheurs, disons chacun
de nous, dans le sentiment de nos
crimes, c'est moi, ô Souverain
Seigneur! qui t'ai ainsi assujetti à
toutes ces choses. C'est mon orgueil, qui t'a couronné d'épines;
c'est ma délicatesse dans mon boi-
re, & dans mon manger, qui t'a
abrûvé de fiel & de vinaigre; ce
sont mes fausses démarches, &
mes mauvaises œuvres, qui t'ont
percé les pieds & les mains; ce
sont mes haines, & mes animosi-
tez, qui t'ont ouvert le cœur. *O*
Chrift ! le *Chrift du Dieu vivant !*
quelle doit être, à ce matin, la
disposition de mon esprit? Tu
m'avois constitué Dominateur sur
les œuvres de tes mains; tu avois
mis toutes choses sous mes pieds,
& non content de t'avoir revêtu
de *la forme de serviteur*, je te fais

en-

encore souffrir la mort des escla-
ves les plus abominables, & les
plus perdus. Tu m'avois formé
à ton image, & je t'ai couvert de
tant de crachats, & de playes si
profondes, que tu *n'es plus un*
homme, tu es un ver. Continuons,
âmes fidéles, & vraiement ré-
pentantes, continuons, chacun
de nous, dans cet aveu de nos
crimes, selon la connoissance, que
la participation à ce Sacrement
de ce Dieu Homme, qui a souf-
fert tant de choses, pourra nous
en donner. Mais n'oublions pas
les causes de cet extréme anéantissement. Je les prouve & de la
part de Dieu, & de la part de
nous-mêmes, & de la part de Jesus
Christ, trois Articles, sur quoi il
faut un peu réfléchir. Je parle premiérement *de Dieu,* parce qu'encore qu'il eût pû nous laisser pour jamais dans le désespoir, & dans
la

la rage des damnez , je dis que
sa justice pour cela n'en eût point
été satisfaite, son ire demeurant
toûjours , nous n'eussions jamais
entendu parler de ces bienheu-
reux mourans, *ô Eternel ! je me suis
attendu à ton salut. Seigneur ! tu me lais-
ses maintenant aller*, moi, ton serviteur, ou ta servante , en paix ;
& par conséquent, le Pere, qui
en avoit le droit, a imposé cette
dure nécessité de mourir à son
Fils : & le Fils, comme dit Saint
Paul, *s'y est abaissé soi-même , &
a été obéïssant jusqu'à la mort, voire
la mort de la croix.* D'où se pourroient très-aisément refuter divers
Hérétiques & leurs erreurs , mais
le tems ne me le peut pas permettre. J'ai parlé ensuite *de nous-mêmes*, & j'en tire les causes en plusieurs maniéres. Premiérement
pour la *remission de nos pechez* : car
Jesus Christ n'étant point mort, le
Pe-

Pere, comme je viens de le dire, seroit toûjours irrité & nous serions toûjours les objets de sa colere, & de sa fureur éternelle. En suite, pour nous donner un modelle exemplaire, & de *sa douceur*, & de *sa libéralité*. De *sa douceur*, en ne demandant pas à Dieu des Légions d'Anges pour dissiper ses ennemis ; mais en épandant son ame en priéres, & en obéïssance, pour nôtre salut. Et de *sa libéralité* encore, car s'il accorda la gloire & l'immortalité de son Paradis au bon Larron, qui le voyant souffrir innocemment se convertit, & lui cria, *Seigneur, aye souvenance de moi, quand tu viendras dans ton Regne.* Si frappant vos poitrines pour le passé, & ne vivant que très-bien pour l'avenir vous l'embrassez avec une vive & ferme foi, ne croyez-vous pas plûtôt, qu'il vous recueillira dans son

son Ciel à l'article de vôtre mort ?
Enfin Jesus Christ, à *nôtre égard*,
a été obéïssant jusqu'à la mort de
la croix, pour nous meriter mille
& mille avantages, dont nous
n'eussions pû jouïr autrement. Car
en vérité, si ses yeux n'eussent
point été fermez par la mort, les
nôtres seroient-ils présentement
ouverts à cette magnifique ma-
nifestation de sa vie ? Si sa tête
n'eût été baissée, oserions-nous lever les nôtres si haut, dans l'es-
pérance d'une délivrance qui nous
est si nécessaire ? S'il n'eût crié, *j'ai*
soif, boirions-nous à si longs traits
les eaux de sa grace, en attendant
que nous soyons parfaitement dés-
altérez au fleuve des délices dans
sa gloire ? Certainement, *il étoit*
donc nécessaire, & de la part de Dieu,
& de la nôtre, que *Jesus Christ s'a-*
baissât ainsi soi-même, & qu'il fût
obéïssant jusqu'à la mort de la
croix.   S E-

SECONDE PARTIE.

Mais enfin, j'ai parlé *de Jesus Christ* : & Saint Paul y est formel dans cette seconde Partie de mon texte. *Pour laquelle cause aussi*, dit-il, *Dieu la souverainement élévé, & lui a donné un Nom qui est sur tout Nom.* Je ne veux pas entrer dans une critique scrupuleuse, ni moins encore me jetter dans aucune controverse. Je sai pourtant qu'elles seroient plus nécessaires contre les Papistes, que quelques personnes mal affectionnées ne voudroient nous le faire accroire. Mais en examinant bien l'Ecriture Sainte, il faut que je vous avertisse, que l'Apôtre ne veut dire ici autre chose, sinon que le Pere a eu pour agréable cette obéissance très-parfaite de son Fils, & que pour cette raison il l'a

cou-

couronné de la plus grande gloire, & de la plus haute puiſſance, dont l'on ait jamais parlé parmi les hommes. Je ne peſerai point ſur cette excellente remarque, que les noms, ſelon les * étymologies Gréques, & Latines, ne ſont donnez aux perſonnes, & aux choſes, que pour les faire connoître telles qu'elles ſont en elles-mêmes. C'eſt aſſez de l'avoir indiquée à ceux qui aiment les plus grandes veritez. Mais il faut néceſſairement vous expliquer, comment cette liaiſon de l'aneantiſſement du Fils de Dieu, avec ſa propre gloire, ſe juſtifie & par *la nature de toutes ſortes de Traitez*, & par *les bienfaits* les plus conſidérables.

C

Je

* Latini. *Nomen* enim, ait Feſtus, *quaſi novimen : à Noſco, quòd notitiam faciat, nam per id quo quidquid nominamus, agnoſcitur.*

Græci. ὄνομα, ὅτι ἐστὶ τοῦ ὄντος ζήτημα. *per illud quippe, inquiritur in id quod res eſt.*

Je commence par les *bienfaits*. Car si Mardochée le Juif, ayant rendu un bon office au Roi Assuerus, fut récompensé d'un si grand honneur qu'il porta sa couronne, & qu'il eut après lui le gouvernement de tout son Empire. De quelle gloire, je vous supplie, Jesus Christ ne doit-il point être environné ? Il a donné lieu à la justice du Pere, de se satisfaire, dans toute l'étenduë de sa rigueur : & il a obtenu un exercice libre à sa misericorde par son obéïssance. Ah ! que *s'étant abaissé soi-même jusqu'à la mort de la croix, il prenne donc un Nom par dessus tout Nom : & qu'il regne souverainement dans les cieux, dans nos cœurs, & jusqu'au plus profond des abîmes.* Dans les cieux par sa gloire, dans nos cœurs par sa grace, & jusqu'au plus profond des abîmes par sa terreur, & par sa justice.

Mais

Mais j'ai parlé ensuite de toutes sortes *de Traitez* , car j'en remarque des exemples , & dans
l'Ecriture Sainte , & dans les meil-
leurs Auteurs. Dans l'Ecriture
Sainte, car si Jacob, selon le trai-
té qu'il avoit fait avec Laban,
ayant servi sept ans pour Lea , &
sept autres pour Rachel qu'il ai-
moit , se retira enfin vers la maison de son pere. Que ne doit point
faire Jesus Christ dans ces jours
de nos fêtes si solennelles ? Les
trente-trois ou trente-quatre anées
de sa vie se font toutes écoulées
sous la forme de serviteur , en peines , & en travaux , pour l'acqui-
sition de ces deux grandes na-
tions des Juifs , & des Gentils.
Ah ! qu'il *se voye* donc présentement *de la posterité*, selon l'élegan-
te expression du Prophete Isaïe.
Ou comme je le repete encore,
après Saint Paul , *qu'ayant été obéïs-*
C 2

sant

sant jusqu'à la mort de la croix, Dieu l'éleve donc souveraiment dans sa Maison éternelle, *& lui donne un Nom qui soit sur tout Nom.*

Enfin j'ai parlé de quelques Auteurs. * Car ils nous apprennent, que de certains peuples & sur tout les Asiatiques, confirmoient fort souvent leurs Alliances avec du sang, & qu'elles étoient les plus saintes , & les plus Augustes de toutes , comme étant plus solemnellement ratifiées. Et que dirons-nous donc de l'Alliance traitée entre les Personnes Divines pour le salut des hommes ? L'une acomplira-t-elle parfaitement l'accord, & l'autre seroit-elle capable de le rompre. Le Fils dira-t-il, *me voici, ô Dieu ! pour faire ta volonté,* & répandra-t-il, en effet tout son sang, & donnera-t-il sa vie,

au

* Corn. Tacit. pag. 306. & Tertul. Apol. pag. 63.

au milieu des horreurs de la croix,
parmi les moqueries & les injures
des peuples, & dans le sentiment
de la plus terrible malediction de
la loi? Et le Pere le laisseroit-t'il toûjours dans cet état ? N'est t-il pas
trop fidéle, & trop juste, pour ne
tenir pas sa promesse? *Jesus Christ*,
dit Saint Paul, *a été obeïssant jusqu'à la mort de la croix ; & pour cette cause aussi*, ajoûte-t'il, *Dieu l'a
souverainement élevé, & lui a donné
un Nom qui est sur tout Nom*. Sa tête a été autrefois couronnée d'é-
pines : mais présentement , elle
est environnée d'une Majesté plus
resplendissante, & plus glorieuse
que celle du soleil même. Ses
mains ont été percées de cloux :
mais présentement elles sont ho-
norées du sceptre de tout le monde. Ses yeux ont été fermez par
le dernier trait de la mort : mais
présentement ils sont ouverts

sur

fur les actions, & fur les penfées
les plus fecrettes de tous les hommes. Sa perfonne a été attachée
en croix fur la terre : mais préfentement elle eft affife à la main
droite de Dieu dans les cieux. Et là
au lieu des moqueries des peuples,
il reçoit l'hommage & l'adoration des Seraphins & des Archanges. Au lieu des crachats, qui
couvroient fon vifage , il eft ré-
joui par l'odeur agréable, qui fort
de l'encenfoir d'or , & qui font
les priéres des Saints. Au lieu du
manteau d'écarlate de fes Bourreaux , il eft revétu de cette Rob-
be magnifique, dont les pans rem-
pliffent le Temple. Il eft établi
pour Roi fur toutes les œuvres
de Dieu. Il eft donné pour Prophete à fon Eglife , pour Sacrificateur de tous les péchez
des hommes , & pour Intercef-
feur des Elûs.

Mais

Mais en l'état où nous nous trouvons, & à nôtre égard, dans quelle vûë dire toutes ces choses? Mes freres, Saint Paul l'exprime admirablement bien dans cette derniere partie de nôtre texte, & il nous y prescrit à tous, d'une maniére pathetique, les regles de nôtre devoir, *afin*, dit-il, *qu'au Nom de Jesus tout génou se ploye, de ceux qui sont aux cieux, & sur la terre, & sous la terre, & que toute langue confesse que Jesus Christ est le Seigneur à la gloire de Dieu le Pere.*

Sur quoi le peu de tems qui me reste ne me permet pas de vous tenir desormais un très-long discours. Et Dieu veuille seulement, que vous soyez encore assez bien disposez pour mettre dans une sainte pratique, ce que je vais vous dire.

T R O I-

TROISIE'ME PARTIE.

D'abord je vous déclare, que ces paroles sont tirées du chapitre quarante-cinquiéme du Prophete Isaïe, où le vrai Dieu, adoré par les Juifs, s'exprime ainsi ; *J'ai juré par moi-même, & la parole est sortie en justice hors de ma bouche, c'est que tout génou se ployera devant moi, & que toute langue jurera par moi.* Pour vous donner cet avis, ô Chrétiens, que l'Etre souverain, à qui vous devez vous adresser dans ces tems, qui a été mort, mais qui est retourné à vie, & que l'Apôtre appelle le *Seigneur* par excellence, n'est pas une simple créature, produite dans le tems. Il est ce même Dieu, qui juroit par soi - même sous la loi, & devant qui le Peuple Ancien d'Israël ployoit le génou,

nou. C'est là l'objet Dieu, qui se présente devant vous. C'est à ce souverain Seigneur que je vous adresse.

Et afin que vous puissiez mieux vous acquitter de vôtre devoir envers lui, & que quelques exemples vous y engagent encore davantage, voici que l'Apôtre y interesse tout ce qu'il y au monde de plus capable de connoître Dieu. Car je ne saurois croire, qu'il s'y agisse aussi des choses inanimées. Il y interesse les Anges dans le Paradis, les hommes vivans sur la terre, & les personnes mortes, dont la matiére des corps, est toute bouleversée, & dont les ames sont dans les cieux. Il veut que parmi cette foule innombrable d'êtres, qui adorent Jesus Christ, vous lui rendiez l'honneur qui lui appartient, aussi bien qu'au Pere. C'est un ordre qu'il donne lui-mê-

même au 5. de Saint Jean, * *le Pere*, dit-il, *ne juge perſonne, mais il a donné tout jugement au Fils ; Afin que tous honorent le Fils, comme ils honorent le Pere.* De ſorte qu'il ajoûte auſſi-tôt après, (& je tiens, que c'eſt contre les Deïſtes, & ceux qui prétendent qu'on peut être ſauvé ſans Jeſus Chriſt, pourtant ce n'eſt point à nous de damner perſonne, ‡) il ajoûte auſſi-

---

* verſ. 22. & 23.

‡ *Car en effet, qui eſt celui d'entre les veritables Réformez qui ait jamais dit, un tel, ou un tel eſt damné ?* C'eſt une Doctrine ſeulement de Jeſuites, & particuliérement d'*Adam*, qui ayant fauſſement accuſé feu le très célébre Monſieur Daillé, *d'avoir parlé de la Damnation d'Origene, comme ſi ayant été par avance dans les Enfers, il l'y eût trouvé*, engagea Monſieur Daillé à lui faire cette réponſe ; *Ce n'eſt là, que l'un des jugemens auſſi faux, que précipitez, & téméraires, que vous faites tous les jours.* ━━━ *Qui vous a dit, que je tiens qu'Origene eſt damné ? à Dieu ne plaiſe, qu'une ſi injuſte pré-*

(35)

aussi-tôt après, que *celui qui n'honore point le Fils , n'honore point le Pere qui l'a envoyé.*

Mais , direz-vous , en quoi
consiste cet honneur , ou cette
adoration, que toutes les creatures raisonnables doivent à Jesus
Christ ? Je répons qu'à proprement parler le ployement de
génou marque extérieurement
les sentimens intérieurs , que
nous avons pour Jesus Christ.
Mais que comme l'Apôtre interesse dans nôtre Culte Reli-
gieux, les Anges, & les Esprits
glorieux, qui ne sont pas présentement unis à des corps, & qui ne
peuvent fléchir le génou au Nom
de Jesus Christ, il seroit très-juste de l'entendre du Culte même

*présomption me soit jamais entrée dans l'esprit.
Je laisse au Seigneur ces secrets, & ne suis pas
si hardi , que de m'émanciper à définir que
nul homme mortel ne peut savoir avec une cer-
titude de foi.* Part. 3. chap. 9. pag. 193. de la
Replique de Mr. Daillé au Pere Adam.

même & de l'adoration, que nous rendons au vrai Dieu. Et comme nous ne devons pas témérairement nous ingerer dans les fonctions religieuses des Anges, que nous n'avons point vûs , & que nous devons tout tourner pour nôtre instruction particuliére , je vous supplie qu'en portant encore ma pensée sur l'imposition des Noms aux choses & aux personnes , dont je vous parlois il n'y a qu'un moment , je vous fasse faire une remarque, qui vous conduira à l'explication toute claire de nôtre texte. C'est qu'à l'égard de Jesus Christ , deux choses sont absolument nécessaires. L'*une*, que nous connoissions Jesus Christ , selon *son Nom*, c'est à dire, pour ce qu'il est : & l'*autre* , qu'à cause de sa très-grande gloire , nous n'ayons point de honte de le confesser. Cette remarque, comme

vous

vous voyez, se rapporte aussi parfaitement bien à cette verité, que
Saint Paul nous apprend au 10.
de son Epître aux Romains, *que*
si nous confessons le Seigneur Jesus de
nôtre bouche, & que nous croyons en
nôtre cœur, que Dieu la ressuscité des
morts, nous serons sauvez. Je parle
donc prémierement de la *connoif-*
sance, que nous devons avoir de
Jesus Christ, car sans elle, la confession que nôtre langue en feroit,
ne feroit qu'un vain amusement
de nous même, & un bruit inu-
tile de nos lévres. C'est pourquoi
le Prophete dit au Psaume 116.
qu'il a crû, & que pour cela il a
parlé.

Mais j'ai dit en suite, qu'ayant
une vraie connoissance de Jesus
Christ, & que croyant en lui,
nous ne devons jamais faire la
moindre difficulté de le confeffer, & cette confession procédant

D

com-

comme vous venez de l'entendre, de la connoiſſance que nous avons de Jeſus Chriſt , doit être très-ſincére & très-libre : & naiſſant, encore ſur tout , du cœur , elle ne peut jamais être empêchée, ni par le feu, ni par les flâmes, ni par le peril, ni par l'épée, ni par aucune autre choſe, qui ſoit au monde. Toûjours le fidéle dit, *qu'il ſait à qui il a crû, & qu'il eſt puiſſant pour garder ſon dépôt.* Toûjours il s'écrie, que *tout bien compté, il eſtime que les ſouffrances du tems préſent ne ſont point à contrepeſer à la gloire à venir, qui doit être révélée en nous.* Et par tout ce que je viens de dire, vous concluez très-aiſément, ſans doute, que la confeſſion que toute langue doit faire, *que Jeſus Chriſt eſt le* Seigneur, n'eſt autre choſe qu'une déclaration certaine, volontaire, ſincére, & perpétuelle, que nous devons

vons faire de Jesus Christ, & de ce qui nous en est révélé; par laquelle déclaration, nous donnons à connoître ces trois choses à tous ceux, avec qui nous conversons. La *Premiere*, que nous nous donnons tous entiers à ce souverain Seigneur, & que nous souscrivons à tout ce qu'il nous a dit ; comme à une verité certaine, indubitable, & qui ne peut jamais être ébranlée. La *Deuziéme*, que ce souverain Maître, & Seigneur, est digne que tout homme en parle sincérement, sans fraude, & sans dissimulation. Et la *troisiéme*, que nous le jugeons si digne de nos adorations, & de nos hommages, que nous sommes prêts à tout soufrir, pour son nom, les injures, le banniffement, la perte de nos biens, & la mort même.

Enfin l'Apôtre ajoûte, *à la gloire de Dieu le Pere.* Je n'ai qu'un

mot

mot à dire fur ce fujet : c'eſt que le Pere maintenant *les droits de la Divinité*, tout ce que les deux autres Perſonnes de la très-Sainte Trinité ont fait pour nôtre ſalut, ce qu'elles font encore, & ce qu'elles feront éternellement, tournera à la gloire de Dieu le Pere. Je ſai, que la nature y contribuë de toute ſa force. Car que veulent dire ces cieux, qui roulent avec tant de rapidité ſur nos têtes? Que veut dire ce ſoleil, qui ſe couche tous les ſoirs, & qui ſe leve tout les matins? Que veulent dire toutes ces agréables viciſſitudes, de nos mois, de nos jours, & de nos ſaiſons? Certainement, dans la même expreſſion du grand Roi Prophete, toutes ces choſes *racontent la gloire du Dieu fort, & donnent à connoître l'ouvrage de ſes mains.* Je ſai qu'on pouroit encore avoir de plus nobles
bles

bles penſées de *la gloire* de Dieu, à l'occaſion des tems des Saints Patriarches, & de l'œconomie de la Loi. Car par exemple, ce Déluge univerſel, cet embraſement particulier de Sodome, & de Gomorre, ces apparitions ſi fréquentes, & en même tems, ſi extraordinaires aux plus ſaints hommes, ces differentes playes d'Egypte, ces peregrinations des enfans d'Iſraël dans le Déſert, cette colonne de nuée & de feu, cette Manne, cette eau du Rocher, ce ſerpent d'airain, ce Moïſe, ce Joſué, ces Juges, ces combats, ces victoires; leur captivité, leur retour; tous leurs Rois, leurs Prophetes, & leurs Sacrificateurs; qu'étoit-ce que tout cela, ſi non autant de bouches, qui leur faiſoient dire de tous côtez, & en tout tems *nôtre gouvernement eſt une Theocratie*: il y a un Seigneur, &

un

un Dieu, qui regne sur nous, *en sa gloire*. Il est infiniment sage : Il est tout puissant, très-Juste, très-Bon, & souverainement Miséricordieux. Mais pourtant, ajoûtons, que tout cela n'a point été *si fort à la gloire de Dieu*, que ce qu'a fait Jesus Christ. Au moment de sa naissance, qui *se fit à la semblance des hommes*, comme l'Apôtre nous l'a appris, Il attira une armée celeste, qui entonna ce Divin Cantique, *Gloire soit à Dieu, aux cieux très-hauts, & en terre paix, envers les hommes bonne volonté*. Depuis il procura cette même gloire, par toutes ses Leçons, par ses miracles, & dans toute sa vie. Mais il n'y travailla point, avec tant de succez, que lors qu'étant souverainement élevé, il versa son Esprit sur ses Apôtres. Ce fut dans ce tems-là, que toutes ses œuvres se mani-

(43)

nifesterent à *la gloire* de *Dieu son*
Pere. Ce fut dans ce tems-là, que
la voix de sa souveraine Puissan-
ce, de sa Bonté , de sa Sagesse,
de sa Justice, & de sa Miséricor-
de, alla jusqu'au bout du monde.
Nôtre origine , dit *Tertullien* dans
son Apologetique, * *est depuis peu*
de jours , & pourtant nous remplis-
sons les villes , les forteresses , les
Armées & le Senat. Tous les
faux dieux furent détruits ; &
tandis que les Saints Anges &
tous les Esprits glorieux l'ado-
roient, & confessoient, *que Jesus*
Christ est le Seigneur, dans les cieux;
Les hommes se consacrerent tous
entiers à l'honneur de ce même
Dieu, sur la terre. Il fit de leurs
cœurs autant de Temples vivans,
qu'il consacra à la gloire de
son Pere. Il continuë encore
tous les jours , en nous sancti-
fiant,

* Page 192.

fiant, en nous maintenant, au milieu de tant de corruptions & d'erreurs, qui font au monde. Mais il ne parachevera cette sainte œuvre, qu'au dernier jour, lors que rempliffant les Enfers, de tant d'injuftes, de tant de vicieux, & de tant d'impénitens, qui ne veulent pas, que ce fouverain Seigneur regne fur eux, & qui font comme autant d'épines aux yeux des juftes, qui les empêchent de le confeffer, il nous élevera là haut dans fon Paradis. Et là nous verrons la gloire de Dieu face à face; là nous chanterons des *Hallelou-ja celeftes*, *Louez l'Eternel.*

CONCLUSION.

Mes freres, ce qui nous refte de plus néceffaire, c'est de nous faire une très-particuliére application

tion de tout ce que nous venons
d'entendre. Tout ce que Jesus
Christ a fait est pour nôtre instruction, & pour nôtre confolation. S'il se fait un *homme*, *fembla-*
ble à nous, fur la terre, c'est que
n'ayant point pris les Anges, il
veut nous rendre participans de
fa Nature Divine, dans le Ciel.
S'il entre en Lice avec Satan, c'est
dans cette vûë, toute pleine de
confolation pour nous, qu'ayant
été *tenté comme nous en toutes chofes*,
hormis le peché il faura mieux
nous faire triompher par lui S'il
vifite les douze Tribus d'Ifraël, &
s'il fait aller la voix de fes Miniftres jufqu'aux bouts du monde,
c'est pour nous appeller toûjours
à lui. S'il meurt, comme le pain,
& le vin de cette Céne le juftifie,
c'est pour faire la propiciation de
nos pechez. S'il reffufcite, c'est
pour nôtre juftification. S'il est
éle-

élevé, dans le Ciel, en honneur, & en autorité, & *s'il reçoit un Nom qui est sur tout Nom*, c'est pour interceder pour nous, en qualité de nôtre Avocat ; c'est pour nous préparer des places honorables entre ceux qui le louent déja & qui le glorifient, sur le Trône de son Empire. Suivons-le, mes très-chers freres, suivons-le, de nos cœurs, & de nos affections. *Va disoit-il, à la Sainte Marie, qui étoit venuë le chercher dès le Dimanche matin au sepulcre, va à mes Freres, & leur di, je monte à mon pere, & à vôtre Pere : à mon Dieu, & à vôtre Dieu.* En son nom, très-saint, & vraiement vénérable, nous venons à ce matin vers vous, & nous vous disons, il est monté, ce souverain Seigneur de vos âmes & de tout ce qui vous appartient, il est monté à vôtre Pere, & à vôtre Dieu.

Ne

Ne craignez plus déformais de le
toucher , non des bras du corps ,
en le portant dans vos mains, ou en
le mettant dans la bouche, à la mo-
de des communians de la religion
Romaine, cet état eft indigne de la
gloire: mais en lui donnant fincére-
ment , comme je l'ai déja dit , nos
cœurs & nos affections, en nous ré-
jouiffant, avec tous les bons Chrétiens, de l'heureufe délivrance, qui
arrive aujourd'hui à nôtre glorieux
Redempteur. Les Anges en décen-
dent , tous joyeux , du Ciel , la
terre en tremble ; & nous , pour
qui cette œuvre fi magnifique à
été produitte , demeurerions-nous
dans le filence , & infenfibles ?
Non , Chrétiens fidéles remplif-
fons plûtôt nos bouches d'actions de graces ; & affemblez
que nous fommes tous dans
cette fainte Maifon , difons par
des tranfports de gratitude ,

&

& de joye , *nôtre Maître a vaincu la mort* , il a brisé les liens du sepul-cre: & il nous promet de nous faire part au dernier jour de la pompe de sa gloire. Ministres fidéles du Seigneur Jesus, que la Sainte Providence a assemblez ici en assez bon nombre , que cette grande promesse, nous fasse essuïer nos larmes, & adoucisse nos peines. Nous avons des angoisses à force, & en abondance : & quoi que selon toutes les loix Canoniques, nul ne dût jamais avoir entrepris de nous troubler dans nôtre Mission pour le Saint Ministere , nos Troupeaux nous ont pourtant été ravis. Mais pour cela , ne perdons pas courage : nous sommes tous Serviteurs de Jesus Christ, & lui-même ayant été obéïssant jusqu'à la mort de la croix , participons courageusement à ses coups de fouet & à ses épines, *C'est par*

par liens , & par tribulations, qu'il nous faut entrer dans son Royaume. Et quel plus grand honneur, que de marcher sur ses traces , & d'arriver par le même chemin, au lieu où il regne glorieusement? *Pour la cause de ses souffrances, & de son extrême anéantissement, Dieu la souverainement élevé;* & je vous assûre que Dieu nous aura aussi agréables en lui, & qu'il nous fera heureusement triompher par lui. Quant à vous, fidéles, tirez aussi bien que nous, une très-magnifique consolation de la Resurrection de Jesus Christ, & de sa gloire. Ce vous doit être une preuve incontestable, que vous ne ferez pas laissez pour toûjours, ou dans le mépris, ou dans la peine,

Je sai *qu'après nôtre départ,* comme disoit Saint Paul, c'est à dire, comme je m'explique, que quand il n'y aura pas *un* de nos Mi-

E

nis-

niſtres, qui pourra témoigner par ſoi-même, de nôtre *adminiſtration*, ſelon les reglemens de nôtre Diſcipline, & de la *pureté de nôtre Doctrine*, ſelon l'Ecriture, Satan, ce Loup ráviſſant, fera plus d'efforts que jamais, pour vous précipiter dans la mort. Si ce n'eſt par ſoi-même, comme de vrai il porte toûjours les caracteres de ſa reprobation, ce ſera par les honneurs du monde, par ſes richeſſes, & par ſes charmes. Si ce n'eſt par le monde, ce ſera par l'intervention de vôtre propre chair, en vous excitant à la colere, à la haine, à l'avarice, à l'ambition, & à l'injuſtice.

Enfin, ſi ce n'eſt ni par ſoimême, ni par le monde, ni par la chair, ni par toutes ces œuvres infructueuſes, dont je viens de parler, ce ſera par les obſtacles

cles qu'il vous fera naître dans
le fervice de Dieu, vous détour-
nant aux chofes périffables , &
empêchant *vos langues de confeffer
que Jefus Chrift eft le Seigneur.* Évi-
tez tous ces pieges: mettez , je
vous fuplie , ce peu d'enfeigne-
mens qui me reftent encore , en
une très-heureufe pratique. Si
Satan vous infpire quelque mé-
chante penfée contre une des Per-
fonnes de la très-Sainte Trinité,
pour en entrer en défiance , &
pour en parler mal , dites à peu
près comme faint Polycarpe, Quoi!
le Pere m'a donné l'être, & m'a
confervé jufqu'à l'âge où je fuis;
quoi ! fon Fils Jefus Chrift eft
mort pour mes pechez, & il m'of-
fre fon interceffion ; quoi ! le
Saint Efprit eft mon Confolateur,
& il m'a donné la foi ; ils ne
m'ont jamais fait que du bien ; &
comment ferois-je fi malheureux,

E 2

que

que de leur vouloir du mal, ou que de les blafphemer ? *Je croi au Pere, je croi au Fils, je croi au Saint Efprit.* Si Satan vous oppofe fes Légions infernales ; dites, que ceux qui font pour vous, font en plus grand nombre, & plus forts, que ceux qui font contre vous. S'il veut vous rendre oififs, & vous endormir dans une trop grande nonchalance ; dites, qu'étant des hommes nouveaux, vous devez avoir des penfées toutes nouvelles, & vous reveiller à l'envi, *negligeant les chofes qui font déja faites, & faifant de nouveaux progrès vers celles qui font en avant; & qu'au refte, celui qui ayant mis la main à la charruë, regarde derriere lui, n'eft point bien difpofé pour le Royaume de Dieu.* Si Satan vous veut détourner par le foin des chofes de ce monde, dites-lui que l'homme ne vit pas feulement de pain,

pain : *qu'il faut chercher premiere-*
ment le Royaume de Dieu, & sa jus-
tice : que le monde passe, & sa con-
voitise, mais que celui qui fait la volonté
de Dieu percera tous les siecles, &
qu'il vivra éternellement. S'il veut
vous rendre impatiens dans l'ad-
versité, dites, que c'est *la volonté*
de Dieu de consacrer ses enfans à la
gloire, par les tribulations ; & que
toutes choses aident ensemble en bien
à ceux qui aiment Dieu. Enfin,
s'il vous menace de la mort, &
qu'il vous la présente en effet,
dans tout ce que sa fureur l'a
renduë la plus redoutable ; au
nom de Dieu n'en soyez jamais
épouventez ; Jesus Christ vous
aidera lui-même à la souffrir. Elle n'a plus rien de terrible pour
vous ; & je vous promets, qu'à
la derniére & grande Journée, au
son de la trompette, avec cri,

&

& exhortation d'Archanges , nôtre Divin Chef viendra ranimer
nos corps , & il nous reſſuſcitera.
Seulement , mettons-nous en état
d'en être rendus dignes de plus
en plus; participons à la *ſainteté*
du Seigneur. Il eſt vrai , mes très-
chers freres les Réfugiez , que
nous n'y avons pas fait juſques
ici de très-grands progrès , & que
nous portons plus loin que jamais nôtre orgueil , & nôtre
vanité. Nous avons même inſpiré
ces vices aux habitans naturels de
ces Provinces , & ils s'y laiſſent
aller. Mais ne finiſſons pas nôtre
heure , par de ſi juſtes reproches.
Retournons plûtôt , tous tant que
nous ſommes à nôtre devoir.
Nous avons offenſé Dieu : Il eſt
en colere : la guerre continuë,
nous ne ſavons point quand elle pourra finir. Mais voici le
Sa-

Sacrement de la remiſſion de
nos pechez , & de l'aſſiſtance
du Saint Eſprit. Le pain rom-
pu vous répréſente le corps de
Jeſus Chriſt froiſſé , & navré de
douleurs , pour ſatisfaire à la
juſtice de ſon Pere. Le vin ver-
ſé dans la coupe vous aſſûre que
le ſang de ce même Seigneur,
a été répandu avec violence pour
vous. Approchant donc de cette
ſainte Table , répréſentez-vous
ſon extréme anéantiſſement , &
ſon obéïſſance ſi parfaite. Voyez
ſes pleurs, & entendez ſes paroles , toutes ces choſes ſont pour
vous conſoler. Sa tête eſt baiſſée
pour vous donner un ſalutaire
baiſer : ſes mains ſont étenduës
afin de vous recevoir , & de
vous embraſſer : ſes pieds ſont
arrêtez pour vous attendre, juſqu'à ce bien heureux moment ,

que

que vous vous allez approcher de lui ; son côté est ouvert pour vous mettre à couvert de vos ennemis : ou comme dit le Cantique des Cantiques : *pour vous cacher dans les trous de la Roche.* Il en sort du sang, pour vous justifier, & de l'eau pour vous sanctifier. Venez donc, Ames Chrétiennes, & fidéles, à la sainte Table, dans ces saintes méditations, & soyez persuadez qu'il n'est pas plus vrai, que Jesus Christ est ressuscité, & glorieux dans le Ciel, que vous ressusciterez aussi à vôtre tour, & serez participans de son immortalité bienheureuse. Ouï, vous triompherez avec lui ; Ouï vos corps seront rendus glorieux comme le sien. O Dieu, Pere du Ciel & de la terre, pardonne tous les pechez à ce Peuple.

ple , & à nous-même. Fai que
nous communions tous dignement à la mort de Jefus Chrift,
afin que nous foyons tous participans de ta vie, & de ta gloire avec lui. Amen.

DE L'IMMUTABILITÉ

DE

Nôtre grand Dieu, & Sauveur

JESUS CHRIST.

OU

SERMON

Sur ces paroles de l'Epître de Saint Paul aux Hébreux. XIII. 8.

Jesus Christ a été le même hier, & aujourd'hui, & l'est aussi éternellement.

Prononcé à Amsterdam dans l'Eglise Neuve Françoise, le Dimanche au matin, 15. jour de Février 1693.

Par B. DE BRISSAC.

Ci-devant Pasteur de Châtellerault, & présentement Pensionnaire à Amsterdam.

Au nom de Dieu.

Heb. XIII. 8. *Jefus Chrift a été le même, hier, & aujourd'hui, & l'eft auffi éternellement.*

ASfûrément , Mes Freres, la connoiffance du Dieu crucifié que nous adorons, & dont vous fîtes encore Dimanche dernier la commemoration, eft la feule chofe qui nous eft néceffaire. Affûrément , comme autant de Marchands myftiques, qui ayant trouvé dans un champ , un très-riche Tréfor , vendent tout ce qu'ils ont, & fe mettent en état de l'acquerir , nous devons laiffer tout nôtre favoir , & n'afpi-

F

rer

rer qu'à celui de Jesus Chriſt.
C'eſt une choſe charmante & belle, de voir parmi les hommes un
Prince des Philoſophes, *Ariſtote*,
qui parle du mouvement rapide
des Sphéres céleſtes, qui conte
le nombre comme innombrable
de leurs feux, & qui meſure la
grandeur du corps du Soleil, &
de celui de toutes les étoiles.
Mais n'eſt-il pas vrai, que c'eſt
une choſe incomparablement plus
avantageuſe, & plus conſolante,
de voir un ſimple Berger, endor-
mi ſur la terre, & n'ayant qu'u-
ne pierre pour ſon chevet, découvrir une échelle, qui le fait
monter au plus haut des cieux,
& qui l'éleve juſque dans le Paradis de Dieu ? C'eſt une choſe
belle de voir parmi les hommes
un Philoſophe, qui explique la
nature des éclairs, & la matiére
dont ſe forment les foudres &
les

les grêles, qui battent nos cam-
pagnes, & qui les gâtent. Mais
n'est-il pas vrai, que ce fut une
chose plus belle & plus con-
solante, de vous voir la derniére fois dans ce Temple, noyer
vos pechez & vos vices, qui four-
nissent toute la matiére des foudres, & de la vengeance de Dieu,
les noyer, dis-je, dans le sang du
Seigneur Jesus, n'y parler que de
son efficace, & en tirer toute vôtre consolation, & vôtre savoir?
* Ruffin, dans son Histoire Ec-
clesiastique, parlant de plusieurs
Philosophes, qui étoient allez
avec nos Evêques Orthodoxes à
Nicée, dans le tems que le premier Concile s'y tenoit sous le
Grand Constantin, fait à peu près
la même remarque. Il dit, qu'entre tous ces Philosophes, il y en

F 2   eut

* Hist. Eccles. Lib. 1. cap. 3. pag.
225.

eut un particuliérement, qui rai-
fonna avec tant de fubtilité &
d'éloquence, que les Evêques,
quelques verfez qu'ils fuffent
dans fon même art de raifonner,
ne pûrent jamais le convertir; Mais
qu'un des plus fimples Confef-
feurs, qui à peine étoit connu, *&
qui ne favoit*, dit Ruffin, *que Jefus
Chrift, & Jefus Chrift crucifié*, fe mit
fur les rangs, & commença ainfi
fon Difcours. *Au nom de Jefus Chrift.
O Philofophe écoute cette verité : Il
n'y a qu'un feul Dieu, qui a créé les
cieux, & la terre par la vertu de fa
Parole, & qui les a affermis par la
fainteté de fon Efprit. Cette Parole,
que nous appellons le Fils, ayant eu
pitié de nos miferes, s'eft incarnée
dans le ventre d'une Fille vierge :
Il eft mort, pour nous delivrer de la
mort éternelle, & il eft reßufcité pour
nous communiquer la vie. Nous l'at-
tendons pour être le Juge de nos penfées*

*sées & de nos actions. Crois-tu cela,
ô Philosophe ?* Alors le Philosophe
vaincu en lui-même, soufcrivit à
cette fimplicité de l'Evangile.
Alors il embrafla Jefus Chrift avec
foi, & il exhorta tous fes Sectateurs
à fuivre fon exemple, & à croire.
O fi au moins, non feulement les
Evêques, qui régnent dans l'E-
glife Romaine, mais encore tous
les Miniftres qui fe difent Réformez, fe foûmettoient à cette maniére fi facile d'enfeigner la Religion Chrétienne ! O fi au moins,
n'ayant rien avancé, par leur
Dialectique étudiée & pompeufe,
ils laifloient agir nos fidéles Con-
fefleurs, & nos plus fimples Miniftres, qui n'enfeignent que Jefus Chrift, & fes benefices ! Certainement nous verrions bien plus
de converfions parmi nous, &
moins de difputes offençantes
& fcandaleufes. Certainement les

E 3   Trou-

Troupeaux du Seigneur Jesus
seroient bien plus édifiez. * Et
comme l'Apôtre parlant de *Pilate, d'Anne, & de Caïphe*, car ce
font eux qu'il entend par les *Prin-
ces du siécle*, disoit que *s'ils eussent
connu la sapience de Dieu, jamais ils
n'eussent crucifié le Seigneur de gloire*.
Aussi ceux de nôtre sainte profession, disent aux autres qui leur
font opposez, que s'ils connoissoient bien *Jesus Christ*, ils n'intro-
duiroient point parmi eux tant
de Dogmes, & tant de Maximes,
qui le détruisent, & qui le ren-
versent. Etant donc de vôtre sûreté, & de nôtre devoir, de ne
vous laisser pas surprendre, sur
tout dans ces tems fâcheux, où
nous voyons tant de sortes de difputes, & de diffentimens, ne
voulez-vous pas bien souffrir,
que je vous dépeigne simplement

&

* 1. Cor. 2. 8.

& fidélement *Jesus Christ* à vos yeux ? Ne voudrez-vous pas bien permettre, que laiffant les fleurs de l'oraifon, & de l'éloquence à ceux qui fuivent le menfonge, & l'erreur, je me mette comme en la place de ce *bon Fidéle qui à peine étoit connu*, & que je vous montre après Saint Paul, que *Jesus Christ a été le même, hier, aujourd'hui, & l'est aussi éternellement.*

Ce feront donc ces mêmes paroles, fuivant la lecture que je vous en ai déja faite, qui me fourniront la matiére de ce préfent Difcours, pour vôtre confolation, & pour vôtre inftruction. La liaifon en eft incertaine, ou plûtôt, tant il eft vrai que *l'Ecriture eft profitable en toutes chofes,* nôtre texte fe lie, & avec les verfets qui l'ont précédé, & avec celui qui le fuit. Je dis premiérement pour vôtre confolation que

nô-

nôtre texte se lie avec les verfets
qui l'ont précédé. Car l'Apôtre
y ayant exhorté les Fidéles, à *la
confiance au Seigneur*, & leur ayant
montré , que c'est lui qui avoit
été en aide, à Josué, à David,
dont il cite formellement les paf-
fages , & à leurs Conducteurs, qui
avoient eu une si bonne issuë :
préfentement leur difant , que
*Jefus Chrift eft le même, hier, aujour-
d'hui, & éternellement*, c'eft comme s'il leur difoit , & à nous,
ce Protecteur que je vous propo-
fe, n'eft point un autre que celui qui a protegé vos Peres. C'eft
lui qui a combattu pour eux.
C'eft lui qui les a foûtenus dans
leurs adverfitez. Et par conféquent
étant toûjours *le même*, fi vous
vous confiez en fon amour, vous
devez en attendre un même fup-
port. Jamais il ne vous abandon-
nera : au contraire il vous pren-
dra

dra toûjours en sa protection, &
en sa garde. *Jesus Christ*, dira Saint
Paul dans ce sens, *Jesus Christ a
été le même, hier, & aujourd'hui,
& l'est aussi éternellement.* Mais j'ai
dit ensuite, que nôtre texte se lie
avec le verset qui le suit, & c'est
pour vôtre instruction contre le
Carême des Papistes où nous sommes. Car ceux à qui l'Apôtre
écrit, étant *emportez çà & là par
des doctrines diverses, & mettant
de la distinction entre les viandes,*
l'Apôtre leur disant, que *Jesus
Christ est le même*, reprime & corri-
ge fortement leur erreur. Il leur
montre que leur Religion & leur
Doctrine ne doivent point être
diverses, puis que celui qui en est
l'Auteur, & qui les a instituées est
toûjours *le même* qu'elles doivent
être pures, désinteressées, & entiérement semblables. *Jesus Christ*,
dira encore l'Apôtre dans cet autre

tre fentiment, *a été le même, hier, & aujourd'hui, & l'eft auffi éternellement.* Que fi vous demandez à laquelle de ces deux liaifons je voudrois m'attacher particuliérement , je vous répondrai, que je les tiens également bonnes l'une & l'autre: & que je fuis à peu près en cela le fentiment des Anatomiftes fur le corps humain *. Ils difent bien, qu'il eft divifé en fes parties, & en chacun de fes membres : mais ils ne déterminent pas unanimement, fi le cou par exemple a été fait pour la tefte, ou pour le ref- te du corps, & du *thorax*, comme ils parlent : & pourtant ils en traitent, l'uniffant tantôt à la tê- te, & tantôt à l'épine du dos. De même, pour une plus grande édification, ne pouvant pas me déterminer fur cette queftion, fi nô-

---

* Du Laurens Lib. 9. pag. 509. cap. 13. des Parties Vitales.

nôtre texte est uni avec les versets qui le précédent , ou avec celui qui le suit, je le traiterai comme détaché : & selon que l'occasion s'en présentera , je le joindrai tantôt avec l'un, & tantôt avec l'autre. Et afin de venir plus aisément à bout de mon dessein , & de vous faire mieux comprendre l'Immutabilité du Seigneur , je le considérerai,

Prémierement dans les noms de *Jesus* , & de *Christ* , qui lui ont été donnez.

Ensuite dans sa *Personne* , composée de sa Divinité & de nôtre Nature humaine.

En troisiéme lieu dans ses *Charges* de Prophete , de Sacrificateur & de Roi.

Et enfin de ces trois points brievement expliquez , resultera cette verité que l'Apôtre nous

nous enseigne dans des termes
assez formels , mais sur quoi
peut-être , vous n'avez pas encore assez fait de réfléxion ,
*Jesus Christ a été le même , hier,
& aujourd'hui, & l'est aussi éternellement.*

Seigneur Jesus, c'est la gloire de
ton *Immutabilité* que j'entreprens
d'établir. Pour l'amour de ton
saint Nom, fortifie - moi, & me
renforce: & fai que cette Action
d'aujourd'hui soit extraordinairement en consolation & en béné-
diction à ceux qui m'écoutent.
Amen.

I.

LE nom de *Jesus* , est un mot
Hébreu, qui signifie *Sauveur.*
Du temps de Moise il ne se prononçoit pas de la sorte ; mais on
di-

diſoit *Jehoſugna*, & après la captivité de Babylone, ils diſoient *Jeſugna* : abrégeant ainſi par une figure aſſez commune, les deux
prémieres ſyllabes en une ſeule,
& vous le voyez ainſi écrit dans
les Livres d'*Eſdras* & de *Néhémie*:
encore que les Prophetes *Aggée*
& *Zacharie* ayent retenu l'ancienne, & la veritable prononciation.
Ce changement étoit venu des
Syriens, qui avoient accoûtumé de
laiſſer ces prémieres lettres, qui
formoient le Nom de *Jehoſugna*,
& d'adoucir même la derniére:
de ſorte que par la ſuite des tems,
au lieu de *Jeſugna*, ou comme quelques-uns le liſent de *Jeſua*, le *gna*,
ou l'*a* s'étant perdu, on prononçoit ſimplement *Jeſu*. Et les Grecs,
de qui les Latins l'ont pris, auſſi
bien que nous, en y ajoûtant une
s, pour répondre mieux à la grace
de leur diſcours, ont formé le

G   nom

nom de *Jesus*. Celui de *Christ* , qui est le *surnom* de Jesus , car vous saurez , que parmi les étrangers le nom propre de *Jesus* n'étant presque pas connu , le *surnom de Christ* lui demeura. * Tacite ne le nomme point autrement. Et Saint Matthieu parlant de la Généalogie de nôtre Sauveur , dit , que *Jacob engendra Joseph, le Mari de Marie , de laquelle est né Jesus qui est dit Christ :* c'est à dire que tous le connoissoient sous ce *surnom.* Ce. mot de *Christ* , dis-je , est Grec , & signifie la même chose, qu'en Hebreu , *Messie* , c'est à dire *oint & sacré.* Or ces deux noms de *Jesus* & de *Christ* ont été donnez au Verbe éternel, ou au Fils de Dieu incarné, non pas en vain, & mal à propos, comme souvent les peres en imposent à leurs enfans , leurs actions ordinairement étant

mau-

* Pag. 424.

mauvaiſes, & ne répondant point à ces magnifiques noms de *Clement* & d'*Innocent* qu'ils portent. Mais ceux du Seigneur ſont juſtes. C'eſt le Pere lui-même qui les a choiſis dans ſon infinie ſageſſe. C'eſt lui qui les a impoſez à ſon Fils : & dans tous ceux qu'il a jamais donnez, s'eſt-il quelquefois mépris? *Abraham* n'a-t'il pas été le Pere d'une grande multitude, & de Juifs, & de Gentils croyans? *Iſraël* n'a-t'il pas combattu contre Dieu, & il en a remporté la victoire? Et *Jeſus Chriſt* ne ſeroit-il donc pas *Sauveur & Oint ?* Jeſus Chriſt ſeroit-il privé de la choſe grande & ineffable que répreſentent ces deux noms? Non, Mes Freres ; *Jeſus* eſt *Sauveur*, parce qu'étant mort ſur la croix pour ſatisfaire à la juſtice de Dieu irrité, il nous a ſauvez de nos pechez, & de la peine des enfers.

Et

Et *Chriſt* eſt *Oint* , parce que le Saint Eſprit étant décendu ſans méſure ſur lui, il l'a oint *d'une huile de lieſſe par deſſus tous ſes conforts.* Et l'Apôtre, afin de faire application de cette remarque à nôtre texte, l'Apôtre, dis-je, ſoûtenant que *Jeſus Chriſt a été le même, hier, & aujourd'hui, & l'eſt auſſi éternellement,* ne veut pas, comme vous le jugez bien ſans doute, que vous l'entendiez de ces *Noms* vénérables que le Seigneur portoit. Je ſai la penſée d'Euſebe *, & c'eſt elle ſeulement qui m'a fait entreprendre cette prémiere partie de mon diſcours. Elle eſt belle, & étant fondée en partie dans l'Ecriture, je vous prie, que j'y faſſe quelque réfléxion. Il dit, *que Moïſe étant décendu de la montagne, où Dieu l'avoit fait monter, pour lui donner un pa-*

tron

---

* Hiſt. Eccleſ. lib. 1. cap. 3. pag. 6.

tron des choses célestes, trouva quelque chose de si grand, & de si vénérable dans ces noms de Jesus, & de
Christ, que prenant le fils de Nun, qui
devoit être son Successeur, & qui avoit
nom Osée, il lui imposa celui de Josué, qui est le même que celui de nôtre Jesus, & il appella encore le Souverain Sacrificateur le Christ, ou l'Oint
de Dieu. De sorte que suivant cette pensée, & en faveur de nôtre
texte, on pourroit dire, que le
nom de Jesus Christ a été le même
sous l'Ancien Testament qu'il l'est
aujourd'hui sous le Nouveau, &
qu'il le sera éternellement. Moïse
a donné le prémier à son Successeur, & il a fait porter le deuxié-
me à son Frere, qui étoit Sacrificateur. Mais pourtant, Mes Freres,
Jesus Christ n'avoit point encore
été incarné sous l'œconomie de
Moïse; & comment les noms qui
se rapportent à ce sacré Mystere,

lui

lui auroient-ils été donnez ? Jesus
Chrift a été figuré fous la Loi ;
& les figures font-elles les mêmes
chofes que la vérité? Le corps n'au-
roit-il rien de plus que fon ombre?
Josué a été *Sauveur*, parce que dé-
livrant les Juifs des horreurs, &
des miferes du défert, il les mit
en la poffeffion d'une vie heureufe, & paifible dans la terre de Ca-
naan, qui leur avoit été promife.
Mais *Jefus* a été, il eft, & il fera
nôtre *Sauveur*, parce que faifant
l'expiation de nos pechez par fon
fang, il nous introduit dans le Paradis de Dieu. *Aaron* a été *Chrift*,
parce que recevant fur fa tête une
huile materielle, il étoit confacré
particuliérement à Dieu. Mais
Chrift a été *Oint*, parce que recevant le Saint Efprit dans une me-
fure extraordinaire, comme nous
l'avons dit, il a été hautement
déclaré le Fils de Dieu, & Dieu
lui-

lui-même béni à jamais. Or ces deux noms, car vous favez, que je ne parle que d'eux feulement, & nullement des chofes qu'ils fignifioient, n'ont été donnez au Seigneur que dans le tems de fa venuë en chair, au milieu de nous, & par conféquent l'Apôtre difant, que *Jefus Chrift a été le même, hier, & aujourd'hui, & l'eft auffi éternellement*, n'y a point d'égard; & c'eft avec beaucoup de raifon, qu'ayant fait précéder fon *Nom*, nous avons ajoûté, que nous examinerions fa Perfonne.

I I.

Elle comprend *deux Natures*, qui font extrémément conjointes ; mais pourtant, qui ne font pas fi fort mêlées, ou confufes, l'une dans l'autre, comme le prétendent quelques Hérétiques, que
cha.

chacune ne rétienne ſes qualitez, qui lui ſont propres & eſſentiel-les. L'une eſt *Divine*, & l'autre eſt *Humaine*. L'une eſt *décenduë du Ciel*, comme je vous l'ai expliqué quelquefois : & l'autre a été for-mée de la ſubſtance de la Bien-heureuſe Vierge, dans ſon propre ſein. A l'egard de la premiere, ou de la *Divinité* du Seigneur, la propoſition de l'Apôtre dans nô-tre texte eſt veritable, & ſans re-plique, *Jeſus Chriſt a été le même, hier, aujourd'hui, & l'eſt auſſi éter-nellement.* Il a une eſſence infinie, toute - puiſſante, & éternelle. *Il a fondé la terre dès le commencement, & les Cieux ſont les œuvres de ſes mains : Ils periront, mais il eſt per-manent. Ils s'envieilliront tous comme un vêtement ; Il les ployera en un rou-leau comme un habit, & ils ſeront changez : mais lui eſt le même & ſes ans ne défaudront point.* Il a une

eſ-

essence très simple., & par conséquent il est au dessus de toutes
les choses créées, & pas une ne
sauroit agir sur lui. Et s'il étoit
sujet au changement, ce seroit,
ou du mal en mieux, ou du mieux
en pis. Si le premier avoit lieu,
avant cela il lui auroit donc man-
qué quelque perfection, & si le
second se pouvoit dire, il lui en
manqueroit quelqu'une à l'avenir:
c'est à dire, à proprement parler,
ou qu'il n'auroit pas été ci-devant
le vrai Dieu, ou qu'il ne le seroit
pas ci-après. Ce que l'Ecriture
combat dans quantité d'endroits,
& plus particuliérement dans nôtre texte, comme nous l'allons
conclure tout aussi-tôt par un ar-
gument invincible contre ceux
qui nient sa Divinité. Aussi Mala-
chie dit expressément, * *Que
parce que Dieu est l'Eternel, il n'a*
point

* Mal. 3. 6.

point changé. Et Saint Jaques au premier de son Epître Catholique, *Que par devers lui il n'y a point de variation ni d'ombrage de changement.* Mais vous voyez bien, sans nous étendre davantage sur cette perfection, & sur cette Immutabilité de la nature Divine en Jesus Christ, que ce n'est point à cet égard, que l'Apôtre le considére ici. Il lui donne, comme nous l'avons déja vû, les noms de *Jesus,* & de *Christ:* & vous savez, qu'ils ne lui conviennent qu'entant qu'il est nôtre Médiateur, & qu'il a satisfait pour nous. Quant à son *Humanité*, il est constant qu'elle n'a pas toûjours été la même. Elle a eu ses accroissemens & des changemens. Et si un Philosophe a si bien dit, *Que comme nul homme n'entra jamais deux fois dans une même riviere, parce que ses eaux étant dans un flux continuel, elle change inces-*
sam-

samment son être ; aussi personne n'a-
voit jamais vû deux fois un même
homme, parce que son être coule toû-
jours, & ne fait ferme nulle part :
Pourquoi ne le dirois-je pas du
Seigneur Jesus, tandis qu'il étoit
sur la terre ? N'étoit-il pas un homme semblable à nous ? N'a-t'il pas
commencé comme nos plus petits
fœtus, excepté le peché, dans le
sein de leurs propres meres ?
N'est-il pas crû peu à peu jusqu'à
la fleur de son âge ? Et dans ce
tems-là, au lieu que les autres
hommes vieillissant perdent peu
à peu leur embonpoint, & s'affoi-
blissent, Jesus-Christ tombant entre les mains de ses ennemis, ne re-
çût-il pas mille fois un plus grand
changement ? Il s'en plaint par
David : Il dit *qu'il conteroit tous ses*
os un par un. Et quelles furent les
playes que lui firent les épines de
sa tête, & les cloux de ses pieds

&

& de ſes mains ? Il en perdit tout
ſon ſang. Ses jouës en devin-
rent pâles ; ſes yeux s'en ferme-
rent ; & la mort faiſant prendre
à ſon âme ſon vol dans le Paradis , laiſſa ſon corps au gré ,
& ſous la puiſſance du ſepul-
cre. Et quand trois jours après,
lui-même les réuniſſant, ſe reſ-
ſuſcita, ne perdit-il pas ſes qualitez terreſtres , & n'en revétit-il pas
de glorieuſes , & de céleſtes ? Certainement l'Apôtre diſant donc,
que *Jeſus Chriſt eſt le même* , *hier* , *aujourd'hui* , *& éternellement* , ne le
conſidére pas non plus en ſa *Per-*
ſonne , & la laiſſant ainſi pour
un peu de tems , auſſi bien que
ſon *Nom* , voyons ſi nous en dé-
couvrirons la vérité dans ſes Charges.

III.

I I I.

Elles font au nombre de trois, fa *Prophetie*, fon *Sacerdoce*, & fa *Royauté*. Mais afin de mieux comprendre ce que l'Apôtre nous dit, tâchons de diftinguer trois fortes de tems, & qui de vrai, ne font point à confondre. Prémierement concevons, s'il eft poffible, le *tems* où le Seigneur a été *deftiné* à fes Charges. Enfuite voyons le *tems* où il y a été *inftallé*. Et enfin examinons *le tems, où il les a exercées*. Le tems où Jefus Chrift à été deftiné à fes Charges, eft *l'éternité*. Car vous favez, que de toute éternité Dieu ayant fait deux De-crets, l'un de créer le monde, & l'autre de permettre nôtre chûte, ce grand nombre de creatures rai-fonnables, qui couroient toutes fans exception à leur ruïne &

à leur perte éternelle , se pré-
senterent aussi-tôt à sa vûë, & il
fut touché si sensiblement par sa
misericorde , qu'il eût souhaité
sauver tous ceux du genre humain
qui eussent crû. Mais parce que
sa justice souverainement irritée
s'y opposa, & qu'elle voulut être
satisfaite, Dieu dans cette même
éternité , faisant approcher son
Fils, lui assigna cette magnifique
Charge , de publier lui-même sa
grace à son peuple, de satisfaire
à sa justice irritée contre nos pechez, & de nous couduire & de
nous proteger. * Aussi Salo-
mon parlant du Seigneur sous le
nom de la *Sapience* , dit , *qu'elle
a été déclarée Princesse , dès le siecle,
dès le commencement , & dès l'ancien-
neté de la terre.* ‡ Et le Seigneur
lui-même dit aux Juifs, qui le
vouloient lapider, parce que s'é-
tant

* Prov. 2.   ‡ Joh. 10. 35. 36.

tant fait Dieu , ils prétendoient
que ce fût un blaspheme , *si vôtre
Loi a appellez ceux là Dieux , ausquels
la parole de Dieu a été adressée , & si
l'Ecriture ne peut être enfrainte , comment dites-vous , que je blasphéme,
Moi que le Pere a sanctifié & envoyé
au monde ?* C'est à dire, Moi que
le Pere de toute éternité a choisi,
& mis à part pour être vôtre Prophete, vôtre Sacrificateur & vôtre Roi: mais qu'il n'a envoyé
au monde que sous l'œconomie
que vous voyez, afin de *me revé-
tir de ces Charges*, & afin *de les exer-
cer*, qui sont encore les deux tems
dont nous venons de vous parler.
Car vous jugez bien, que la *desti-
nation* de quelqu'un à une charge,
n'est pas la même chose , que
son *établissement* dans cette charge, ni que *les fonctions* qu'il en doit
faire. Aussi cette Médiation entre
Dieu & les hommes, ne pouvant

                  se

se donner qu'à une Personne, qui
fût réellement participante de la
Nature Divine, & de la nôtre,
Jesus Christ ne les ayant point encore unies, ne pouvoit être le même ni dans *l'éternité* à cet égard,
ni dans *le tems*. Non dans *l'éternité*; parce qu'il fut simplement
destiné à la Charge de nôtre Médiateur. Et non encore dans *le
tems*; parce que ce fut alors seulement, que Dieu l'installa dans
cette sainte Charge. Ce fut alors,
comme dit l'Apôtre après David,
que le Fils de Dieu *entrant au monde, dit à son Pere, qu'il n'avoit point
voulu de Sacrifice, mais qu'il lui avoit
approprié un corps, & qu'il venoit pour
faire sa volonté.* Ce fut alors que
les Anges apparoissans extraordinairement revêtus de gloire & de
lumiére, publierent hautement le
don que Dieu venoit de faire d'un
Liberateur aux hommes. Les Ber-
gers

gers quitterent leurs troupeaux,
& coururent à Bethlehem, pour
en découvrir le Myſtére. Les Sages
d'Orient apporterent des dons, que
quelques-uns rapportent aux trois
Charges de Jeſus Chriſt, & l'adore-
rent comme leur Prophete, comme leur Sacrificateur, & comme
leur Roi. Mais pourtant, quoi
qu'il fût réellement établi en ce
tems-là dans ſes Charges, il n'en
fit pas tout auſſi-tôt les fonctions.
Pour commencer par ſa *Prophetie*, quoi qu'à l'âge de douze
ans, Joſeph & Marie l'euſſent trouvé au Temple, aſſis au milieu des
Docteurs, * qui étoit une place
digne de ſa Charge, comme les
bons Auteurs l'ont toûjours remarqué, ce ne fut pourtant pas
là un éxercice, ou une fonction
de ſa Prophetie. Il n'avoit point
encore été banni, ou pour mieux

H 3

dire,

---

* Vide Ouzel. ad Min. Tel. pag. 23.

dire, le Saint Esprit n'étoit point encore décendu en une forme visible sur sa Personne. Et comment Saint Jean Bâtiste auroit il rendu un fidéle témoignage à sa Doctrine? Celui qui l'avoit envoyé bâtizer d'eau, ne l'avoit-il pas averti, *que celui sur qui il verroit l'Esprit décendre, & demeurer sur lui, seroit celui qui bâtizeroit du Saint Esprit?* En effet, Mes Freres, quand ce signe eut une fois été accompli, Jesus Christ âgé de trente ans, comme dit Saint Luc, entreprit l'édification de l'Eglise. Il se déclara hautement être son Docteur, & son Prophete. Il enseigna purement l'Evangile: censura les Maîtres des Juifs; reprit les Scribes & les Pharisiens dans l'explication fausse qu'ils donnoient à la Loi: convertit les pecheurs, pria pour eux, & justifia par un nombre presque infini

de

de miracles qu'il étoit *le Témoin fidéle*, comme dit Saint Jean quelque part , & qu'il étoit *venu de
Dieu.* J'en dis à peu près autant
de son Office de *Sacrificateur.* Car
encore qu'au huitiéme jour de sa
naissance , il répandît de son sang
par le seau de sa Circoncision,quel-
ques choses qu'en veuillent pourtant dire les Prédicateurs de l'E-
glise Romaine , cette effusion ne
fut point la cause de la remission
de nos pechez , & cette action ne
se rapporta jamais à sa Charge de
Sacrificateur , qui n'a que deux
fonctions, dont l'une a paru sur la
croix, ce fut son *Oblation :* & l'autre s'acheve dans le Ciel , c'est
son *Intercession.* Car comme le Souverain Sacrificateur des Juifs
ayant sacrifié sa victime hors du
Sanctuaire, ne demeuroit pas toûjours là , mais prenant du sang
de la victime, entroit dans le lieu
très-

très-Saint, où il achevoit son Sacrifice, & où il intercedoit pour le peuple. De même Jesus Christ le veritable Agneau de Dieu, & le Pleige des pécheurs, s'étant offert soi-même, en son corps & en son âme, hors de la Ville de Jerusalem, par l'Esprit éternel à Dieu son Pere : c'est à dire étant mort sur la croix à cause de nous, n'est pas demeuré toûjours sur la terre, mais ayant élevé sa propre victime (soi-même) dans les cieux, il est allé interceder pour toute son Eglise en général, & il obtient tous les biens qu'il communique à chacun de nous en particulier. Enfin quant à *sa Royauté,* encore qu'il dît à Pilate, qu'il prononçoit verité en disant *qu'il étoit Roi, qu'il étoit né pour cela, & que pour cela il étoit venu au monde,* & que de vrai il eût fait des miracles sur toutes les choses de la Nature, dans les
cieux,

cieux, fur la terre, fur la mer, fur
les vivans, fur les morts, & fur
les abîmes des Démons, ce qui
marquoit bien fon pouvoir, & fon
autorité abfoluë; fi eft-ce pourtant
qu'à parler proprement, ce n'é-
toient pas là les fonctions de cette Charge Royale. Elles ne com-
mencerent qu'après fon Afcenfion
dans les cieux. Ce fut-là que cette belle Prophetie de David eut
fon accompliffement, *le Seigneur
a dit à mon Seigneur, fieds-toi à ma
dextre, jufques à ce que j'aye mis tes
ennemis pour le marchepied de tes
pieds.* Ce fut-là, que prenant les
rênes de l'Empire, qui avoit été
mis fur fon épaule dès fon en-
fance, il commanda fouverainement fur toutes les parties de l'U-
nivers. Et ainfi, Mes Freres, ré-
fléchiffant un peu fur cette maniére exacte d'expliquer cette verité, que l'Apôtre nous enfeigne
ici,

ici, ne trouvez vous point étran-
ge, qu'un passage, qui vous avoit
toûjours paru aisé, vous donne présentement quelque difficulté ? Car vous concevez bien desormais, que ce n'est point *le Nom de
Jesus Christ, qui est le même hier & aujourd'hui, & l'est aussi éternellement.*
Celui de *Jesus* ne lui a été donné
proprement que quand il dut venir au monde ; & celui de *Christ*
n'a pris son fondement que quand
il reçut le Saint Esprit au Bâte-
téme de Jean. Vous concevez
bien, que ce n'est pas non plus
sa *Personne*, telle que nous la pro-
pose nôtre texte sous le Nom de
Jesus Christ. Une de ses Natures est décenduë du ciel, & l'autre a été formée de la substance
propre de la Bienheureuse Vierge. Enfin, vous concevez encore, que ce n'est point à l'égard
de *ses Charges* simplement : sa *des-*

tination a été dans l'éternité: son *établissement* dans le tems , & *ses fonctions* , en partie sur la terre, & en partie dans les cieux. Afin donc, de vous éclaircir cette difficulté, & d'achever d'expliquer nôtre texte, je dis qu'à la verité ce n'est point le Nom de Jesus Christ, qui a été le même , & qui le sera toûjours , mais c'est la *vertu de son Nom*; qui a prévalu dans les siecles précédens , qui déploye son efficace dans le nôtre , & qui prévaudra dans les autres qui pourront venir ci-après. Je dis, que ce n'est point sa Personne ; mais c'est *l'efficace & la vertu de sa Personne* *. Enfin je soûtiens, que ce ne sont point ses Charges: mais ce sont *les merites & les vertus de ses Charges* , qui se sont déployées dans

* Qui étant de toute éternité quant à sa Nature Divine , devoit dans le tems s'unir à nôtre Nature Humaine, ou se faire Jesus, & Christ.

dans les cœurs de ceux qui ont
crû avant nous, aussi bien qu'en
nous qui croyons aujourd'hui, &
dans tous ceux qui croiront après
nous. Et c'est la verité que j'ai à
conclure des trois points que j'ai
déja expliquez. Je vous demande
encore ce moment d'attention.

IV.

La vertu du Nom de *Jesus*, &
de celui de *Christ*, & même la
vertu de toute sa *Personne*, pour
n'en faire point un article séparé,
aussi bien les simples noms ne
font que des mots, & qui ne va-
lent qu'autant qu'ils se rapportent
aux choses, ou aux personnes:
La vertu, di-je, des uns & des
autres, *a toûjours été la même, &
elle le sera jusqu'à la fin des siécles.*
Je n'en veux point alleguer d'autres preuves, que celle qui se tire
des

des fidéles , qui ont reçû la re-
miffion de leurs pechez fous la
Loi, & qui ont été fanctifiez par
le Saint Efprit : c'eft à dire, pour
l'exprimer par avance, qui ont eu
quelque communion avec Jefus
Chrift, puis que, comme nous l'a-
vons vû, *Jefus* fignifie *fauver* des
pechez , & que *Chrift* fignifie *oin-
dre* , & *facrer*. Ces fidéles donc
de l'Ancienne Loi, ont été participans de ces deux benefices, ou
par la vertu de Jefus Chrift , ou
par celle du Miniftére des Levites , ou par aucune vertu. Par
aucune ? Cela ne fe peut pas. Autrement, pourquoi l'un & l'autre
Teftament nous recommanderoit-
il fi fort la néceffité d'un Sacrifice?
Pourquoi l'Auteur de cette Epître aux Hébreux fe travaille-t-il
tant à nous le décrire ? Et en bonne verité, y a-t-il de l'apparence,

I   que

que *le Ministére de condamnation &*
de mort, comme dit Saint Paul
quelque part, facilite une voye
plus commode & plus sûre d'ob-
tenir la rémiſſion des péchez, &
de ſe ſanctifier, que la Lumiére de
l'Evangile qui nous éclaire aujour-
d'hui ? Si vous dites que les fidéles d'Iſraël ont été purifiez par le
Miniſtere des Levites, vous établiſ-
ſez la juſtice par la Loi & Saint
Paul aura tort de ſoutenir le contraire ; Car non obſtant toutes les
raiſons & tous les paſſages de l'E-
criture, qui lui ont fait conclure,
que l'homme eſt donc juſtifié par la foi,
ſans les œuvres de la Loi, nous ſerons
obligez de dire, que *nous ſommes juſ-*
tifiez par les œuvres de la Loi, ſans la
foi en Jeſus Chriſt mort & reſſuſcité. Ce
qui renverſe, comme vous voyez
toute l'œconomie de l'Evangile,
& par conſéquent c'eſt la même
ver-

vertu de Jefus Chrift, qui nous juftifie préfentement, & qui nous régénére, qui rendoit les Juifs fideles participans de ces mêmes benefices. Elle étoit d'une égale efficace en eux, qui embraffoient Jefus Chrift à venir, qu'en nous, qui le croyons venu, & qu'elle le fera encore en ceux qui viendront ci-après. J'en dis autant de fes Charges La premiere, comme nous les avons expliquées, eft la *Prophetie.* Elle ne commença proprement qu'après fon Batéme : mais pourtant fa vertu à toûjours été la même, & elle le fera éternellement. Il a toûjours eu foin de fon Eglife, & il l'a enfeignée par la même Doctrine de fon Evangile dans tous les fiecles. Voyez, dès le commencement ne promit-il pas que la *femence de la femme briferoit la tête du ferpent.* Moïfe ne dit-il pas

I 2   après

après aux Juifs , que *Dieu leur
suſciteroit un Prophete tel que lui, &
qu'ils feroient bien de l'écouter ?* Et
que n'ont point ajoûté dans la
ſuite David , Eſaïe , Daniel , &
les autres Prophetes ? Si vous
me dites , que cette Doctrine n'a
pas toûjours été propoſée également , & que par conſéquent elle n'eſt pas la même. Je vous prie
de vous ſouvenir , que je ne parle que de la vertu de cette Doctrine , (car vous ſavez qu'il n'y
en a qu'une) qui engendroit nôtre même foi , dans le cœur
des fidéles , qui leur faiſoit recevoir en ce tems-là , comme à
nous aujourd'hui , la remiſſion
de leurs pechez & la ſanctifica-
tion du St. Eſprit. Ou ſi vous
voulez , ce qui me paroît aſſez
juſte , ſouvenez vous de ce que
vous avez ſans doute remarqué
bien des fois dans la nature ? Le
So-

Soleil dès son lever ne s'est il pas
trouvé quelquefois chargé de
nuages? Et pourtant, n'étoit-il
pas toûjours le même? Ne nous
faisoit-il pas sentir l'efficace de
ses rayons? Tant qu'enfin, ve-
nant dans son Midi, & dissipant
ces vapeurs, il nous montroit
son corps plus beau, & plus res-
plendissant? C'est là justement
ce qui est arrivé à la Lumiére de
l'Evangile, que Dieu fit lever
sur le genre humain aussi-tôt après
la chûte de nos premiers Parens.
Il les visita de son *Orient d'enhaut*.
Mais ce souverain Soleil, qui portoit la santé dans ses rayons, se
couvrit de voiles obscurs & épais,
& demeurant toûjours le même
en foi, il n'éclaira les fidéles
qu'au travers des ombres, & des
figures, tant qu'enfin cette Lumiére souveraine étant venuë
dans son plein jour, a dissipé

I 3   tous

tous ces nuages. Elle a ôté l'ombre, & a fait venir le corps. Elle a chaffé la figure, & a introduit la verité, qu'elle a dépouillée de fes céremonies, de fes mots ambigus & énigmatiques, & qu'elle fait paroître belle, pure, & célefte. Et c'eft par là, comme nous l'avions encore promis, que nous lions nôtre texte avec le verfet fuivant. Car n'eft-il pas vrai, que la Prophetie de Jefus Chrift, & fa Doctrine, ayant été la méme de toute éternité quant à fa vertu, & n'ayant été ombragée de quelques figures que pour un tems, préfentement qu'à nôtre égard elle eft rétablie dans fa plus vive clarté, nous ne *devons plus être emportez çà & là, par des doctrines diverfes, & qu'il eft bien meilleur que nos cœurs foient affermis par grace, que par des viandes, qui n'ont de rien*

rien profité à ceux qui s'y font occu-
pez. Enfuite, quant à la *Sa-*
crificature de Jefus Chrift, elle
n'a commencé proprement, que
fur la croix, & elle fe continuë, & elle s'acheve préfentement dans les cieux. Mais pourtant fa vertu a percé les fiecles
paffez, auffi bien qu'elle s'eft
donnée à connoître dans ceux où
nous vivons. Non pas comme le
veut Bellarmin *, que l'éternité
de ce Sacrifice ait confifté, *en ce*
que les Sacrificateurs de l'Ancienne
Loi, étant des Types de Jefus Chrift,
toutes les fois que les Sacrificateurs
facrifioient, Jefus Chrift Sacrifioit en
eux. Car à ce compte Jefus Chrift
auroit été Sacrificateur, & par
conféquent *Pleige & Médiateur de*
l'Ancien Teftament, qui a été aboli.
Contre ce que dit l'Apôtre aux
. Hé-

* Bellarm. Tom. 3. lib. 1. cap. 6. pag.
720.

Hébreux *, que *Jesus Christ a été Pleige d'un plus excellent Testament*. A ce compte les sacrifices anciens n'ayant pû *sanctifier la conscience*, comme dit l'Apôtre quelque part, Jesus Christ n'auroit été Sacrificateur avant son Incarnation, qu'entant qu'il offroit des sacrifices, qui ne pouvoient sanctifier ni ôter les pechez. Et ainsi, malgré cette verité, que nous avons déja fortement établie, les fidéles de la Loi auroient été justifiez & sanctifiez par une autre vertu, que par celle de Jesus Christ. Et ce qui est encore d'une trés grande consequence, c'est que si Jesus Christ n'eût été Sacrificateur avant son Incarnation, qu'entant qu'il Sacrifioit par ceux qui offroient quelques Sacrifices, il n'auroit donc pas été Sacrificateur pendant l'espace

ce

* Hebr. 7. 18. 28. & chap. 8. 6. 7.

ce de soixante & dix ans que les Juifs furent emmenez en captivité, car durant tout ce tems-là ils ne sacrifierent point. Non, non, Mes Freres, le Sacrifice de Jesus Chrift n'a point été *le même* à cet égard; mais parce, comme nous l'avons déja dit, que fa vertu a toûjours été prefente devant Dieu, & efficace dans les cœurs de fes fidéles. S'il vous femble difficile, que ce Sacrifice n'étant point arrivé, il ait peu avoir de la vertu, comme le foleil n'étant point fur nôtre Hemifphere, ne nous éclaire point, & nous laiffe dans les tenebres. Je répons, qu'à la verité c'eft un exemple pris de la nature, mais qui ne conclurroit pas fur cette matiere, comme il a fait à l'égard de la Prophetie de Jefus Chrift. En voici un pris de la Mo

ra-

rale , qui achevera de lever toutes vos difficultez. Si nous préfuppofons , que nous devions une fomme confidérable à quelqu'un , & qu'un Homme puiffant fe rende debiteur en nôtre place & fe charge de payer lui-même pour nous & pour nos enfans, dans un certain tems qu'il marquera, fi nôtre Creancier s'en contente, & qu'il l'accepte & nous décharge, ne ferons - nouspas libres , nous & les nôtres , dès le moment qu'un autre fe fera rendu débiteur pour nous,& quelqu'un pouroit-il encore nous actionner? Voilà juftement l'état où nous fommes avec Dieu. Etant tombez dans le peché , nous nous fommes rendus redevables à fa Juftice. Elle avoit droit de nous pourfuivre , & de nous perdre. Mais le Verbe éternel du Pere , fon propre Fils , & fon Unique , étant intervenu entre lui & nous,

ayant

ayant promis de satisfaire en l'ac-
complissement des tems, en nôtre faveur, nous ne devons plus
craindre ses poursuites. Nous
sommes tous en sûreté, & par
conséquent la vertu de son Sacrifice a été aussi efficace en ceux qui
ont précédé son payement, qu'en
nous qui l'avons suivi. *Elle est la
même hier, & aujourd'hui, & l'est
aussi éternellement.* Enfin à l'égard
de sa *Royauté*, elle n'a commencé
qu'après son Ascension dans les
cieux : mais pourtant sa vertu a
regné dans tous les âges. L'Eglise n'a été gouvernée, & conduite, que parce que Jesus-Christ
devoit être Roi. C'est lui qui l'a
délivrée de ses ennemis, & c'est
lui qui lui sera toûjours en aide,
& en protection. Et c'est par là
encore, comme nous l'avons dit
assez clairement, en commençant,
qu'il faudroit lier nôtre texte avec

les

les versets précédens : l'Apôtre y exhortant les fidéles à se confier au Seigneur, & les assûrant, que puis qu'il a toûjours gouverné l'Eglise, qu'il a été son Roi, & son Protecteur, il ne les abandonneroit point dans leurs grandes extrémitez, & qu'il leur en feroit avoir une bonne & heureuse issuë. Mais aussi, afin de ne laisser rien à prouver de ce que nous avons promis, je tire de ce que j'ai dit cette verité incontestable, que *Jesus Christ est le vrai Dieu.* Car là où il y a une vertu éternelle, un Sacerdoce par exemple, une Doctrine, & une conduite soûtenuë également dans tous les siécles, il faut que cette Personne qui cause cette vertu soit éternelle, puis qu'un sujet fini n'est pas capable de soûtenir une vertu infinie. Jesus Christ a une vertu éternelle, comme nous l'avons vû,

&

& par conséquent la personne de Jesus Christ est éternelle. Elle n'a pas eu son commencement dans le sein de la Bienheureuse Vierge, & par conséquent quoi qu'en dise ce malheureux Socin, qui le nie, *Jesus Christ est le vrai Dieu béni à jamais :* par où nous finissons l'explication de nôtre texte.

CONCLUSION.

Présentement Chrétiens, puis que nous apprenons, qu'il y a des personnes, sollicitées à retourner dans nôtre Patrie, l'Egypte spirituelle pour le véritable peuple de Dieu, tandis que nos Temples demeureront ou abatus, ou profanez, & qu'effectivement, il s'en trouve de tems en tems quelques-uns qui y retournent, il est de nôtre devoir, de vous conjurer de la part de Dieu, & pour

K   l'a-

l'amour de vôtre salut, de persis-
ter dans la profession pure de
l'Evangile. *Jesus Christ est le même
hier, & aujourd'hui, & l'est aussi
éternellement :* & voudriez-vous
vous jetter entre les mains de quelques nouveaux venus ? *Jesus Christ*
a un *Nom*, qui vous avertit de la
remission de vos pechez, & de
vôtre onction celeste : & voudriez-
vous revêtir ceux d'un *Loyola*,
d'un *Brunon*, d'un *Dominique*, ou
d'un *François* ? Jesus Christ a une
nature *Divine*, qui le fait être nôtre seul & vrai Dieu, & voudriez-
vous suivre une personne qui n'en
a qu'une perissable, & qui même a
un caractere qui le rend nôtre en-
nemi irreconciliable, & l'*Antechrist* ?
Jesus Christ, afin de peser encore un peu sur ses Charges, Jesus
Christ a toûjours eu la vertu d'en-
seigner son Eglise : Il en a été le
Prophete & le Docteur, & il le
sera

fera éternellement , & voudriez-
vous prêter l'oreille à la voix des
étrangers ? Voudriez-vous entendre les traditions des hommes , &
laisser la parole de Dieu ? Jesus
Christ encore , a fait la purgation
de vos pechez par son Sacrifice,
& voudriez-vous attribuer la vertu de ce benefice à vos propres
merites , à un feu soûterrain , ou
à un prétendu Sacrifice de l'Autel?
Tout le monde ne sait - il pas ,
que quand le Souverain Sacrificateur étoit dans le lieu très-Saint
pour continuer & achever son
grand Sacrifice, en vertu du sang
de la victime qu'il avoit immolée,
tous les autres sacrifices ces-
soient entiérement ; & ils ne re-
commençoient que quand celui là
étoit fini : C'étoit là une marque de leur insuffisance , & de leur
imperfection ? Mais nôtre Jesus
ayant offert sur la croix , son

K 2

corps

corps & fon âme en facrifice réellement & parfaitement propitiatoire
pour nos pechez, continuë, &
paracheve dans les cieux ce même Sacrifice, d'un prix, & d'u-
ne vertu infinie. Qu'avons-nous
donc affaire d'un autre Sacrifice
que du fien ? Enfin Jefus-Chrift a
toûjours eu la vertu de gouverner
l'Eglife , & c'eft de vrai lui feul
qui l'a conduite dans tous les fiecles : voudriez-vous lui donner
des compagnons & fur la terre, &
dans les cieux ? Voudriez-vous attendre vôtre délivrance de quelques hommes, que d'autres hommes feulement conftituent Saints,
ou qu'ils beatifient ? Non, Mes
Freres, Jefus Chrift ayant été le
même dans tous les âges du monde, ne doit pas être fujet *à la va-*
rieté dans ces derniers tems. Jefus
Chrift a fait l'efpérance de tous les
fidéles , & par conféquent Jefus
Chrift

Chrift doit être inviolablement la nôtre. Adam, ce premier homme qui eft tombé dans le peché, n'a mis l'efpérance & la caufe de fon falut, que dans la femence de la femme, qui devoit brifer la tête du ferpent. Et nous ne ferons-nous donc pas affez fortifiez, quand nous ne faurons que Jefus Chrift & Jefus Chrift crucifié? Les Patriarches, & tous les fidéles de l'Ancienne Loi, ont été fauvez fans le chant des Meffes, & par la feule vertu du fang de Jefus Chrift : & nous ne parviendrons nous donc pas fûrement au falut, en croyant feulement fon Sacrifice, & en rejettant tous les autres moyens que les hommes pourroient nous propofer ? Enfin le Seigneur feul a été en aide à Jofué, & à David L'Apôtre ne leur donne point d'autre Protecteur : & nous, ne

fe-

ferons-nous donc pas bien gou-
vernez , en nous soûmettant à
son sceptre, & à son obéïssance?
Ne serons-nous pas souverainement heureux en mettant nôtre
confiance en son pouvoir & en
ses promesses ? Ouï, Chrétiens,
n'en doutez point, nous serons
souverainement heureux. Em-
brassons seulement ce grand , &
ce misericordieux Sauveur, avec
une vraye, & vive foi. Que ni
la mort, ni la vie , ni les promesses, ni les menaces, ni les choses présentes, ni les choses à venir, ne nous séparent jamais de
sa dilection. *Jesus* est nôtre *Sau-*
veur, *Christ* est nôtre *Oint* , & sa
Personne est nôtre *vrai Dieu*, qui
possede en ses Charges tout ce
qui nous est nécessaire. Si nous
sommes ignorans , comme c'est
un effet de nôtre nature depuis
le peché, il nous instruit , il est
nô-

nôtre Prophete, il nous fait ouïr
sa voix tous les jours, & à cha-
que moment. Chrétiens, ne
l'entendez-vous pas cette voix sa-
crée ? N'avez-vous pas sa parole, où il se communique si clairement à vous? O malheureux donc,
l'homme qui ferme les yeux pour
ne point voir cette sainte parole,
& qui bouche les oreilles pour ne la
point entendre ! Il faut que je vous
fasse part de ce qu'un Evêque *
fameux disoit autrefois à un Mé-
decin, qui négligeoit la lecture des
Saintes Ecritures : *Quoi! lui disoit-il, si vous étiez dans un païs
éloigné, & que vous y reçûssiez des
Lettres de l'Empereur vôtre Maître,
dormiriez-vous à vôtre aise, que
vous ne les eussiez lûës ?* Et voici
le Monarque du ciel, le Seigneur
des hommes & des Anges, qui
vous fait tenir ses Lettres sur le
su-

* Greg. Lib. 4. Epist. 40.

sujet de vôtre vie , & vous ne daignez pas les lire? Et nous fidéles , à l'exemple de ceux de Rome , vous défendrions-nous la lecture de cette même parole? Plûtôt, comme tous les anciens Peres , & les Docteurs de l'Eglise, nous vous conjurerons d'y méditer, & la nuit, & le jour pour vôtre salut. Ayez ce livre sacré entre vos mains, dans vos maisons , & dans ce Temple ; & voyez, si nous avons le dessein de vous jetter dans le mensonge, & dans l'erreur. Si nous sommes pecheurs, comme assûrement il n'y a personne qui ne doive se condanner & se trouver coûpable devant Dieu ; car si nous mettons bien avant la main dans nôtre propre sein, il n'y en aura pas un qui ne la tire toute blanche de lépre, le sang de Jesus Christ est aussi frais que jamais

pour

pour nous netoyer. Il crie bien
de meilleures choſes que celui
d'Abel. Il ne demande , que
nôtre grace , & nôtre abſolu-
tion. Enfin, ſi nous ſommes expo-
ſez aux outrages de nos ennemis,
ſongeons que c'eſt la condition de
l'Egliſe ici bas de porter la croix
de ſon Dieu , & que nous devons avoir de cruels & de ré-
doutables ennemis de tous côtez,
& hors de l'Etat , & dans l'Etat ;
dans nos maiſons , & hors de nos
maiſons : Mais que dis-je , & hors
de l'Etat , & dans l'Etat , dans nos
maiſons , & hors de nos maiſons,
nous en portons inceſſamment en
nous mêmes. Cette miſerable, &
pernicieuſe chair , que nous ani-
mons , ne fait-elle pas inceſſamment ſes efforts pour nous ſédui-
re ? Ne craignons pourtant point.
Jeſus Chriſt eſt le Maître des
hommes & des Démons. Il regne
dans

dans les cieux, fur la terre, & dans les Enfers. Que pourront donc faire vos ennemis de quelques côtez qu'ils puiffent vous être fufcitez ? Leur Souverain, & leur Roi, ne les arrêtera-t-il pas tout court, quand il le jugera à propos, pour fa grande gloire & pour vôtre propre falut éternel ? Et comme il n'eft pas raifonnable de confondre les tems de nôtre gloire avec ceux qui doivent éprouver nôtre foi, il temperera fi fort leurs entreprifes, que jamais nous n'y fuccomberons. Leurs coups ne porteront que fur cette miferable chair, fur nos corps, qui, retourneront toûjours dans la poudre d'où ils ont été tirez. Mais nos âmes feront confolées. L'Onction de Chrift les oindra de l'huile de fa paix & de fon amour. Elles s'éjouïront même au milieu de leurs plus

gran-

grandes tribulations : & laiſſant,
quand l'heure en ſera venuë, laiſſant leurs corps pour quelque
tems dans la mort, elles s'envo-
leront dans les cieux où elles rece-
vront de la liberalité de leur
Seigneur, l'accompliſſement des
promeſſes qu'il leur fait ici bas,
ſe repoſeront de leurs travaux ,
& un jour, avec cri , & ac-
clamation d'Archanges , le Seigneur Jeſus Chriſt arrachant nos
corps de leurs ſepulcres , & les
réuniſſant plus glorieux, & plus
reſplendiſſans à nos ames parfaitement ſaintes , il élevera nos
perſonnes entieres dans ſon Paradis. Et là ſa couronne ſur
nos têtes , ſon ſceptre dans nos
mains , & la reconnoiſſance au
cœur, nous dirons éternellement
& ſans ceſſe , *A celui qui nous a
aimez , qui nous a lavez de nos pechez
par ſon ſang, & qui nous a faits des Rois
&*

& des Sacrificateurs à Dieu son Pere, à lui soit gloire, & force, aux siecles des siecles. Amen.

Loué soit Dieu.

Cameronis Oper. pag. 546. Art. 21. & 24.
Thes. Sedan. tom. 2. pag. 7. thes. 50. & pag. 8. thes. 51. & pag. 441. thes. 31. & 445. thes. 11.
Garisol. de Christ. Mediat. pag. 110. 111.
Instit. Theol. Turretin. tom. 2. pag. 424. Thes. 2. quæst. 5. Gene. impres.